¿Jugamos?

## PAIDÓS EDUCACIÓN

Últimos títulos publicados:

M. Acaso, *Art Thinking*
Th. Armstrong, *Inteligencias múltiples en el aula*
X. Aragay, *Reimaginando la educación*
L. Britton, *Jugar y aprender con el método Montessori*
L. Castellanos, *Educar en lenguaje positivo*
J. Cela y J. Palou, *Carta a los nuevos maestros*
Dr. R. Casafont y L. Casas, *Educarnos para educar*
I. Marín, *¿Jugamos?*

Imma Marín

# ¿Jugamos?

## Cómo el aprendizaje lúdico puede transformar la educación

PAIDÓS Educación

1.ª edición, marzo de 2018
4ª impresión, noviembre 2021

No se permite la reproducción total o parcial de este libro, ni su incorporación a un sistema informático, ni su transmisión en cualquier forma o por cualquier medio, sea éste electrónico, mecánico, por fotocopia, por grabación u otros métodos, sin el permiso previo y por escrito del editor. La infracción de los derechos mencionados puede ser constitutiva de delito contra la propiedad intelectual (Art. 270 y siguientes del Código Penal). Diríjase a CEDRO (Centro Español de Derechos Reprográficos) si necesita fotocopiar o escanear algún fragmento de esta obra. Puede contactar con CEDRO a través de la web www.conlicencia.com o por teléfono en el 91 702 19 70 / 93 272 04 47

© Inmaculada Marín Santiago, 2018
© del diseño y las ilustraciones, Carlos Cubeiro, 2018
© 2018 de todas las ediciones en castellano,
   Editorial Planeta, S. A.,
   Avda. Diagonal, 662-664. 08034 Barcelona, España
   Paidós es un sello editorial de Editorial Planeta, S. A.
   www.paidos.com
   www.planetadelibros.com

ISBN 978-84-493-3424-5
Depósito legal: B. 2.313-2018

El papel utilizado para la impresión de este libro es cien por cien libre de cloro y está calificado como papel ecológico

Impreso en España – *Printed in Spain*

A Xavier, mi pareja, que me animó a emprender este
proyecto. A mis hijos, por su apoyo incondicional y por
aportarme su saber y experiencia, de la que ha bebido
esta publicación enriqueciéndola. A todos ellos, a mi familia,
porque son parte vital de quien soy.

A Esther Hierro, con quien llevo más de diez años compartiendo
vida profesional y amistad.
Colaboradora incansable, siempre con una idea y una sonrisa disponible.
De su pluma han surgido los personajes que te acompañarán puerta tras
puerta. Espero que te gusten tanto como a mí.

A Sheila Boudount, ¡mi escudera! Atenta correctora, buscadora
de citas, crítica, resolutiva y mi memoria externa, que me ha
acompañado y apoyado en todas y cada una de las puertas.

A Ariadna Aragay, quien con la lupa pequeña y toda su
asertividad ha ido perfeccionando las palabras, las preguntas,
y sumando matices.

Al equipo de Marinva, especialmente a José Abellán,
Laia Arnau, Noemí Blanch, David Tugués y a otros colegas
que como Lluís Tarín y Pepe Pedraz han estado a punto cuando los
he necesitado, leyendo, releyendo y aportando.

A mi mamá, Montse, quien sin estar me ha dado todo su aliento.

A Mercè, la mamá de Xavier, quien me hizo la pregunta clave:
«¿Por qué escribes este libro?».

A los Reyes Magos, que me trajeron un 6 de enero y que me han
inoculado la pasión por los juegos.

# Índice

**Las reglas del juego**     11

| | | |
|---|---|---|
| **Puerta 1.** | Sin actitud lúdica no hay maravillas | 29 |
| **Puerta 2.** | ¿Qué hay de nuevo, viejo? | 49 |
| **Puerta 3.** | Diferencias reconciliables | 83 |
| **Puerta 4.** | Mapa y brújula | 113 |
| **Puerta 5.** | Igual de diferentes | 133 |
| **Puerta 6.** | Más vale motivación intrínseca que premio volando | 153 |
| **Puerta 7.** | ¿De qué están hechos los juegos? | 179 |
| **Puerta 8.** | ¡Un, dos, tres… casa! | 205 |
| **Puerta 9.** | Esto va más de estrategia que de táctica | 229 |
| **Puerta 10.** | O jugamos todos o rompemos la baraja | 251 |

**Epílogo**     269
**Bonus track**     277

# Las reglas del juego

¿Te gustan las intimidades? Pues aquí voy con la primera. Yo nací el día de Reyes o, lo que es lo mismo, a mí me trajeron los Reyes Magos. Quizá por eso, y a pesar de ser hija única (o gracias a ello), los juegos y juguetes me han acompañado a lo largo de toda mi vida. Desde muy pequeña quise dedicarme a la educación. Me imaginaba como maestra de escuela. Ése fue uno de mis juegos preferidos. Ése y escribir historias. Y fantasear e imaginarme como bailarina de danza clásica o de flamenco. La cuestión era bailar y jugar. Jugar con el cuerpo o con la mente, pero jugar mucho.

Siguiendo mi sueño, estudié Magisterio, pero a la vez que estudiaba, comencé a colaborar en un centro de tiempo libre en el barrio de Bellvitge, primero como voluntaria y más tarde como profesional.[1] Corría el año 1974 y todo estaba por hacer. También aquel barrio, a medio construir, donde iban apareciendo familias y personas llegadas de todas partes de España con la ilusión de encontrar un futuro mejor para ellas y para sus hijos. Bellvitge era un barrio lleno de niños y niñas jugando en la calle y con pocos, muy pocos servicios en aquel momento. Fue allí donde descubrí las posibilidades de la educación en el tiempo libre, el aprender haciendo, el sentido de la cooperación, la educación en valores y el valor de lo lúdico, del juego, más allá del entretenimiento. Y es que, ya en ese entonces, el patio y la calle me resultaban más atractivos que la tradicional aula de la escuela. Supe enseguida que el sentido de mi formación como maestra no era otro que el dedicarme a eso que hoy llamamos educación no formal y a la pedagogía del juego.

Fueron dieciocho años de trabajo educativo en Bellvitge. Mi primera experiencia y mis primeros aprendizajes en la práctica de la educación. Allí tuve la suerte de compartir proyectos con niños y niñas de todas las edades, también con adolescentes y con sus familias. Talleres, excursiones, colonias, campamentos urbanos, al aire libre... Toda una escuela de vida. Pero de todas esas experiencias, hubo una que fue vital para mí: la puesta en marcha de la que sería mi primera ludoteca[2] y una de las primeras en toda Cataluña. En la ludoteca descubrí el valor de los juegos de mesa y de los juguetes. Todo un descubrimiento, ya que en realidad juegos de mesa y juguetes eran objetos con poca presencia en ese momento en la educación del tiempo libre, y todavía menos en la escuela. Fue precisamente a través de la ludoteca como entré en contacto con el mundo de la fabricación de juguetes y del diseño de juegos, de manera que con el tiempo pude ir ampliando mi experiencia y conocimientos en este campo. Conocer la realidad de las ludotecas en Europa y descubrir su riqueza cultural y educativa fue para mí una puerta más, gracias a la cual pude imaginar una educación diferente. La ludoteca también me proporcionó otro gran descubrimiento: la importancia del juego libre, que, aunque parezca contradictorio, tenía —y tiene todavía— poca presencia en la educación en el tiempo libre y en la educación en general. Evidentemente, mi pasión me ha llevado a continuar mi trabajo de apoyo a la creación de ludotecas, participando en congresos internacionales y organizando formaciones tanto de ludotecarios como de maestros, entorno del juego y juegos en sí mismos.

No es de extrañar que mi vida profesional haya estado ligada desde sus inicios al juego, a los juegos y a los juguetes. No te descubro nada nuevo si te digo que soy una de esas personas **firmemente convencidas de los poderes del juego para transformar la educación**. Porque el juego, más que formar, tiene la capacidad de transformar a las personas y sus contextos, ofreciéndonos una nueva mirada de nuestro entorno y, con ella, una forma diferente de amar y de vivir la vida. Y, en todo ello, la educación juega un papel protagonista.

 **Mi pasión por conocer más a fondo el juego se inició al leer por primera vez la Declaración de los Derechos del Niño[3] con motivo de la celebración de su veinte aniversario. Era el año 1979 y estaba organizando una serie de actividades para dar a conocer a los niños y niñas sus derechos (y también sus obligaciones, ya que no hay derecho que no conlleve un deber). Al leer el texto, lo que me iba encontrando no me sorprendía: derecho a la alimentación, derecho a tener un hogar, derecho a la salud, derecho a la vida, a la educación, a tener una familia... Todos me parecían coherentes, de sentido común. Hasta que llegué al apartado 7-C, que dice así: «El niño debe disfrutar plenamente de juegos y recreaciones, los cuales deben estar orientados hacia los fines perseguidos por la educación; la sociedad y las autoridades públicas se esforzarán por promover el goce de este derecho».**

Ahí me quedé de piedra. ¿Derecho a jugar? ¿Estaba leyendo bien? Jugar ya me parecía importante, pero ¿tanto? De hecho, en la educación del tiempo libre lo que hacíamos era jugar. Los niños juegan, ya se sabe. La pregunta que no podía dejar de hacerme era:

**¿Qué poder tiene el juego** para aparecer en la Declaración de los Derechos de la Infancia compartiendo escenario con el derecho a la salud, el derecho a la familia o el derecho a la educación?

Ése fue el disparador de mi motivación para adentrarme en el juego y sus beneficios y saber más de ello. Esta exploración me llevó a participar en un curso titulado *Actividad lúdica y salud mental* que me cambió la vida, ya que hasta entonces no descubrí la verdadera dimensión del juego más allá de la infancia.

Después de esta etapa en Bellvitge, dedicada a la educación en el tiempo libre y el juego, hace ya veintidós años, decidí perseguir un nuevo sueño inventándome mi profesión, y así fue como inicié en solitario una nueva empresa basada en el desarrollo de proyectos y consultoría en torno a la educación y la comunicación a través del juego y la actividad lúdica: Marinva.[4] No estaba muy segura de poder vivir de ello, pero el juego es reto y quien no se arriesga ¡nunca llega a saber de lo que es capaz! Poco a poco, ese sueño se fue convirtiendo en una realidad que me ha permitido —y sigue permitiendo— pertenecer al grupo de privilegiadas que trabajan en aquello que les apasiona y compromete y colaborar con un equipo de personas a las que les mueven los mismos valores e ideales. Todo un lujo: ¡trabajar jugando o jugar trabajando!

A partir de ese momento he dedicado mi vida profesional a poner en marcha los poderes del juego para mejorar la vida de las personas y de las organizaciones, sobre todo, como facilitadora de aprendizajes. Hago mías unas palabras de Stuart Brown[5] cuando dice que el juego «es la forma más efectiva de desarrollar el cerebro, enriquecer la imaginación y alegrar el alma». No puedo estar más de acuerdo. Mi experiencia así lo confirma.

Actualmente, además de mi trabajo como presidenta de Marinva, presido la IPA (International Play Association) en España[6] y soy miembro del Observatorio del Juego Infantil.

Durante estos años he querido compartir mi experiencia no sólo impartiendo talleres y conferencias dirigidos a familias, profesores y educadores en general, o como profesora en diferentes universidades, sino también escribiendo. Me gusta escribir; por algo la escritura era otro de mis juegos infantiles. Aunque no me resulta fácil, pues, como ya debes de estar imaginando, soy una ¡mujer de acción!; pero al mismo tiempo los retos me atraen. Así que empecé escribiendo varios libros dirigidos a maestros sobre la incorporación de los juegos tradicionales a la educación infantil y al primer ciclo de la primaria. Luego llegó *El placer de jugar*,[7] un libro dirigido a familias en donde quise aportar reflexiones y prácticas acerca de cómo y con qué jugar con niños y niñas desde que nacen hasta que llegan a los catorce años. En 2014 le tocó el turno al mundo de las organizaciones (empresas, ONG, etc.) y, junto con Esther Hierro,[8] escribí *Gamificación: el poder del juego en la gestión empresarial y en la conexión con los clientes*, donde dedicamos un capítulo a la escuela. Ahora llega el turno nuevamente a la educación.

Después de más de treinta años de vida profesional ligada al juego y la educación, y ahora que el juego está cada vez más en boca de tantas personas, me ilusiona y compromete volver a esforzarme por involucrarte en la exploración del inmenso valor y aportación del juego en la educación del siglo XXI. Me seduce la idea de profundizar contigo en el asunto.

Parto del convencimiento de que el juego, cuando se ha «colado» en la escuela, ha mostrado sobradamente su capacidad de motivar y sostener el esfuerzo de docentes y alumnas y alumnos, porque conecta con su sentir, su curiosidad y su amor por aquello en lo que se profundiza, convirtiendo el aprendizaje en pasión por el saber. **Estoy convencida de que el juego como metodología y estrategia, esencia de lo lúdico, puede transformar de forma radical y disruptiva el proceso de la enseñanza y del aprendizaje.** Superada la sociedad industrial en la que nace la escuela tal como la conocemos, nos adentramos en la sociedad del siglo XXI. Una sociedad marcada por la profusión de conocimiento,[9] con un mercado laboral en permanente transformación y en donde la creatividad y la imaginación son signos de supervivencia.

**En este nuevo entorno en el que estamos sumergidas, el juego puede tener la llave de la innovación y el cambio, y nos puede ayudar a superar muchas de las dificultades con las que nos encontramos.**

La escuela está saturada, estresada, repleta de obligaciones y actividades.[10] Le cuesta moverse, lleva ya mucho peso, demasiado peso, tanto que no puede adaptarse a una sociedad que cada vez evoluciona más rápidamente. La distancia entre el modelo que ofrece la escuela y el alumnado que nos llega al aula es cada vez mayor. A pesar de nuestros esfuerzos, los alumnos y las alumnas se aburren cada vez más, desconectan de la clase, de la escuela e incluso a veces de las ganas de aprender. ¿Te suena? Particularmente, te confieso que cada vez que escucho a una maestra de infantil o de primaria preguntarse cómo motivar al alumnado, a mí me surge la pregunta: **¿de verdad hemos de motivar a un niño o una niña de cinco o seis años? Pero ¡si son todo curiosidad!** ¿Cómo hemos conseguido que la pierdan? ¿O es que quizá su curiosidad no coincide con el currículo? Pero si en infantil muchas veces ¡no hay currículo! ¿Dónde nos estamos perdiendo nosotras, las personas responsables de su educación?

Te pongo un ejemplo de infantil, porque esa realidad resulta fácilmente impactante. Pero creo que, en sus aspectos más profundos, podría aplicarse a cualquiera de las etapas educativas. Muchas maestras me cuentan sorprendidas que, después de un rato de actividad en los «rincones de juego» en los que tienen organizada el aula, algún niño o niña se acerca y pregunta: «Seño, seño, ¿cuándo iremos a jugar?». «Pero ¿acaso no están ya jugando?», me preguntan ellas. Pues, para esos niños, la respuesta es ¡NO! Nos están pidiendo «jugar» sin restricciones, ni obligaciones, como ellos y ellas quieran, donde quieran, con quien quieran y no con quien les toque. Quieren jugar de manera libre y miran «el patio» como el oasis de «su» juego. Jugar no significa sólo manejar juguetes. Es en ese escenario de libertad y recreación en donde surge verdaderamente el juego.

**Esa potente actividad que pone en marcha la curiosidad y la capacidad de asombro, que nos hace vivir las dificultades como retos y que nos permite sostener el esfuerzo, porque lo que hacemos lo hacemos disfrutando no sólo del resultado esperado, sino del camino transitado.**

**Así que he aquí la pregunta que este libro quiere responder: ¿por qué y cómo puede el juego contribuir sustancialmente a la mejora de la educación? ¿Es el juego la mejor forma de aprender?**

Este libro es fruto, pues, de años de experiencia y estudio y de muchas horas de juegos aplicados a la educación formal y no formal y también, en los últimos años, al mundo de la empresa y la formación en organizaciones. Pero también es fruto de muchas horas de juego con mi familia (mis tres hijos y mi pareja han sido una gran escuela para mí) y, por supuesto, con las amistades de mis hijos, con mis propias amistades y con el equipo de Marinva.

No es por tanto un libro escrito desde la academia, sino a partir de la vivencia y la práctica, acompañadas ambas por la reflexión personal y el debate en equipo. Lo que deseo es **sumergirte en el alma del juego**, recorriendo sus poderes e influencia en la motivación y significación del aprendizaje para transformar la educación. Me daré por muy satisfecha si su lectura consigue seducirte y mostrarte la potencia del juego en la educación del siglo XXI, y logra que poco a poco **te enamores del impacto positivo que puede llegar a tener en el alumnado y en el profesorado**, independientemente de la edad, contenidos transmisibles o comportamientos que queramos incentivar.

Además, el libro es una guía acerca de **cómo podemos introducir el juego en el corazón del proceso educativo con la mirada puesta en el alumnado**. Así, a través de su lectura serás consciente de la importancia de definir claramente objetivos concretos y medibles que incidan en los resultados y el impacto que quieras obtener. Los recursos con los que cuentas y los indicadores que utilizarás para medir si estás acercándote a los resultados e impactos esperados serán claves. Como será igualmente clave que entrenes tu mirada para, desde una perspectiva estratégica y metodológica, decidir qué tipos de juegos o elementos lúdicos son los que necesitas en cada momento, para planificar la operativa que decidas y conseguir los objetivos que te hayas marcado.

Así, si eres una persona **interesada por la educación**, ya sea ésta formal o no formal, si tienes responsabilidades en el ámbito de la **formación**, si te sientes **con capacidad de decisión** y, sobre todo, **con voluntad de innovación y cambio**, y, por supuesto, **con curiosidad hacia el poder transformador del juego**, espero que estas páginas te resulten inspiradoras y, ante todo, motivadoras. En este sentido, no esperes encontrar demasiadas recetas o actividades para llevar directamente al aula. No ha sido ésa mi intención.

**Mi objetivo es que nos sumerjamos juntas en la base de las metodologías y estrategias lúdicas (propias de la lógica de los juegos) para comprender la diferencia entre juego y juegos, para ampliar tu mirada y hacerte consciente de que el juego, más que un recurso, incluso más que una metodología o estrategia, es una actitud vital. Así que toma rotuladores y lápices de colores y dibuja, escribe, subraya o tacha a tu antojo. Juega con el libro, hazlo tuyo y disfrútalo.**

## ¿Empezamos?

¿Eres de las que crees en los beneficios del juego en el aprendizaje? ¿O bien de las que piensan que el juego en realidad lo que hace es distraer el aprendizaje? ¿Tienes tus dudas? Es evidente que el aprendizaje requiere esfuerzo; entonces, ¿dónde poner el juego, más allá de la motivación inicial? ¿Cuál es en este sentido tu respuesta íntima, tus convicciones, tus miedos, tus creencias?

 **Si te digo «juego y aprendizaje», seguro que pasan unas cuantas imágenes y pensamientos por tu cabeza. No los juzgues. Deja que vengan y pasen durante unos instantes. Escúchalos y luego escríbelos en el cuadro que te he preparado a continuación. Insisto, no los juzgues; escribe tal como te venga a la mente. Preparada, lista, ¡YA!**

**Mis pensamientos sobre juego y aprendizaje**

Seguro que algunos de los pensamientos que has escrito (quizá muchos) apuestan por el juego como recurso educativo y, sin embargo, seguro que te has preguntado por qué nos cuesta tanto a los docentes implementar el juego en la escuela.

Normalmente cuesta porque tenemos muy arraigados marcos mentales que nos limitan e, incluso, prejuicios que minan nuestros pensamientos conscientes. No sé a ti, pero a mí me educaron diciéndome «deja de jugar y ponte a trabajar». No es de extrañar que en mayor o menor medida nos sintamos atrapadas por pensamientos tipo:

- El juego distrae del aprendizaje.
- Un poco de juego está bien, pero el aprendizaje conlleva sacrificio.
- No todo se puede hacer jugando; hay cosas que requieren momentos de seriedad.
- El aprendizaje se realiza fundamentalmente en el aula y el aula es trabajo.
- La función del patio de recreo es proporcionar descanso al alumnado entre aprendizaje y aprendizaje.
- Si yo no enseño, la niña y el niño no aprende.
- Yo lo veo claro, pero ¿cómo se lo explico a los padres y madres? Ellos y ellas quieren resultados.
- Para conseguir motivación ya me vale el juego, pero luego hay que esforzarse.
- Deja de jugar y ponte a hacer algo útil. ¡Esto es la primaria!
- Esto del juego es una moda, que como todas acabará pasando.
- Para los más pequeños puede servir, pero a partir del segundo ciclo de primaria hace falta esforzarse.
- ...

**Señala en tu lista todos aquellos pensamientos que te resulten limitantes respecto al poder del juego en la educación y veamos si podemos ir cuestionándolos poco a poco; es decir, en lenguaje juego: ¡vamos a ponerlos en jaque! Porque éste es el sentido de esta actividad: descubrir los prejuicios y fantasmas propios para arrojar luz sobre ellos y hacerlos desaparecer paulatinamente o minimizarlos.**

De hecho, esta idea de que «sí, sí, eso del juego está muy bien, pero a la escuela se viene a aprender y no a jugar», con todos los matices y justificaciones posibles, es lo que me encuentro a menudo en la formación de profesores, sean del área o etapa que sea, ¡incluso en infantil! ¿O acaso no encontramos en muchos parvularios que sus actividades están organizadas en rincones de juego y de trabajo? Llegados a este punto, debemos recordar que **el juego es un derecho de la infancia y, en cambio, el trabajo infantil está prohibido**.[11] Ya sé que es una manera de hablar, pero las palabras ¡tienen tanto significado! Nuestra preocupación por los resultados nos hace olvidar que sólo aprendemos y aprehendemos[12] aquello que es significativo para nosotras y que, como nos explica ya la neurociencia, **el cerebro sólo aprende si hay emoción**.[13] Y de lo que no podemos dudar es de que en el juego se despiertan multitud de emociones.

 **Lo primero, pues, es conectar con tu «niño» interior. Ese que se asombraba al ver una hormiga cargar con un pedazo de pan más grande que ella, o que preguntaba hasta el agotamiento «¿por qué?», o que alimentaba su fantasía y sus retos comenzando por un «¿vale que...?». Ese niño interior no sabe demasiado de prejuicios, se permite a sí mismo probar, se arriesga, es curioso por naturaleza e incluso transgresor. Mantiene su mente abierta porque en su cabeza todo es posible con sólo imaginarlo.**

Pero **¿cómo conectar con ese niño?**, ¿cómo conseguir cambiar creencias tan arraigadas?, ¿cómo conseguir vencer prejuicios y miedos, sean nuestros, de nuestros compañeros o de las familias de nuestro alumnado?, ¿cómo ayudar a la escuela a superar su idea limitante sobre el juego para aprender nuevas maneras de entenderlo?, ¿cómo motivar a salir de la zona de confort que necesita toda acción lúdica?

Eso es lo que me pregunto cada vez que salgo de una sesión de trabajo con maestros y equipos directivos de una escuela. Los adultos estamos formados para aprender y para hacerlo acumulativamente. Pero ¿y el desaprender? Eso nos cuesta mucho más... Lo leemos, lo oímos, pero nos cuesta erradicar los prejuicios y creencias; nos cuesta sacudirnos lo antiguo y aprender de nuevo... Y eso es lo que más me ha preocupado al iniciar el planteamiento de este libro: cómo conseguir llegar al niño interior que todas las personas llevamos dentro, ese niño capaz de desaprender y mirar sin prejuicios aquello que le rodea.

Con este pensamiento llego a casa y, mientras en mi cabeza sigo dándole vueltas al asunto, me siento en mi escritorio, levanto la vista y veo sobre mi mesa el libro de Alicia. Me vienen a la memoria todas las veces que he jugado a ser Alicia. La mismísima Alicia en el País de las Maravillas con sus juegos, metáforas, curiosidad, asombro, fantasía, misterio... ¿Quién mejor que Alicia para introducirnos en el mundo mágico del juego? Si jugamos a ser Alicia, nuestra mente se abre y se libera de prejuicios. Sólo Alicia puede entrar en el País de las Maravillas y atravesar el espejo. ¿Quieres ser Alicia? ¿Te atreves?

## TODO EMPIEZA CON UNA HISTORIA

En el momento en que te asomas a esta página, cual madriguera misteriosa, das un traspiés —bueno, luego pensarás que no fue tal, sino que decidiste precipitarte en el agujero oscuro— y empiezas a caer

                         y a caer

                         y a caer.

Cada vez más rápido y más profundo. Todo te da vueltas y mientras caes te pasan mil cosas por la cabeza. No te paras a considerar cómo te las arreglarás para salir. Tan sólo te dejas llevar.

El pozo parece muy profundo, así que piensas en alguna canción que te acompañe y la tarareas un rato.

Y sigues ca
  yen
    do.

Y mientras caes ves en las paredes del pozo libros, pizarras, tizas de colores y juegos de todo tipo: unas cartas, un ajedrez, piezas de construcción, dados, peones. Todo bien colocado en estanterías.

¿Llegarás por aquí al País de las Maravillas? Se te ocurre entonces que tropezar por la calle te va a parecer algo de lo más insulso después de esta caída.

¡Cataplún!

Parece que has aterrizado. ¿Dónde estás? Sí, así es. Lo adivinaste. Y en este lugar, por el que será un placer acompañarte, deseo que descubras cosas que te asombren y enriquezcan tu camino. Por lo que yo sé, ésta va ser una partida con ¡mucho juego! Así que no te extrañe si algunas palabras desaparecen u otras aparecen del revés. Ah, se me olvidaba:

no te extrañe que todo el libro esté escrito en femenino. En este País de las Maravillas, lleno de fantasía, se me ha ocurrido que sería diferente por hablar en femenino, pensando en todas las personas lectoras de este libro, sin distinción de género.

Ya ves que éste es un lugar con algunas particularidades. Por cierto, una de ellas aparece de pronto: un conejo blanco de ojos rosados que te mira asustado y no cesa de repetir: «¡Dios mío!, ¡Dios mío! ¡Voy a llegar tarde!». El Conejo Blanco se para en seco y empieza a hablarte. En este momento te parece lo más natural del mundo que un conejo blanco hable, pero más tarde pensarás que fue un efecto de la caída.

Rápidamente empieza a darte instrucciones:

—A tu alrededor, como puedes ver, hay diez puertas cerradas con llave. Bien, generalmente las llaman capítulos, pero no lo dudes, aquí son puertas. Cada puerta está custodiada por un personaje que te dará la clave para entrar y para salir. A veces te la dará sin más y otras te pondrá a prueba. Si eres hábil, que lo eres, además te regalará un amuleto que podrás incorporar a tu mochila. Y que con toda probabilidad necesitarás en algún momento, créeme. Porque ésta, como cualquier historia que se precie, tiene muchas, muchas sorpresas. Yo, para no ser menos, te regalo este reloj. ¿Acaso existe algo de mayor utilidad?

»Pero... ¡rápido!, no perdamos tiempo. ¿Nos acercamos a la primera puerta?

**Notas**

1 _ Bellvitge es un barrio de la ciudad de L'Hospitalet creado a partir de 1965. Se quiso construir en aquel entonces el mayor polígono de viviendas de Europa para acoger a las familias emigrantes que venían de toda España. Como suele ocurrir, primero se construyeron las viviendas (de manera prefabricada) y luego, bastante más tarde, los servicios. En diez años se llegaron a construir más de diez mil viviendas. En el libro de Sandra Bestraten, Manuel Domínguez y Emili Hormias, *Bellvitge: 50 años de historia de un barrio de L'Hospitalet* (Cornellà de Llobregat, Universitat Sense Fronteres, Centre d'Estudis de L'Hospitalet, 2015), se puede saber más.

2 _ La ludoteca es un proyecto cultural y socioeducativo que aplica técnicas y recursos para recuperar y desarrollar la capacidad lúdica de las personas, principalmente en la infancia. Dispone de un fondo lúdico de juegos y juguetes muy significativo, cuidadosamente organizado y de notable calidad educativa. Su metodología se basa en proporcionar entornos que faciliten y enriquezcan el juego libre y espontáneo.

3 _ Los derechos de la infancia eran diez y fueron aprobados por la ONU en 1959. Más tarde, se consideraron insuficientes y la misma ONU aprobó en 1990 la Convención de los Derechos de la Infancia que continúa vigente en la actualidad. En su artículo 31 podemos leer el derecho relativo al juego.

4 _ Puedes conocer más de lo que hacemos en Marinva y cómo lo hacemos en <www.marinva.es>.

5 _ Stuart Brown es médico, psiquiatra e investigador clínico. Es el fundador del National Institute for Play de Estados Unidos. Esta frase es el subtítulo de su libro *Juega*, escrito en 2009 y publicado por la editorial Urano en 2014.

6 _ IPA Spain es una asociación federada a la IPA WORLD, organización bajo el amparo de la ONU y que nació en Dinamarca a raíz de la Declaración de los Derechos de la Infancia. Puedes saber más de IPA Spain en <www.jugaresunderecho.org>.

7 _ Marín, I., S. Penón y M. Martínez, *El placer de jugar*, Barcelona, Ediciones CEAC, 2008.

8 _ Esther Hierro es mi socia en Marinva, actual directora y también una buena amiga con la que me realimento continuamente, al igual que ella conmigo.

9 _ Buckminster Fuller (1895-1983). Ingeniero, arquitecto, inventor y visionario, aplicó sus cálculos a través de lo que llamó «la curva doble de conocimiento». Con ella estableció que a finales de 1890 el conocimiento humano se doblaba cada cien años. Hacia finales de la Segunda Guerra Mundial, cada veinticinco. Hoy el cálculo se hace

más complejo ya que varía según el tipo de conocimiento. Sin embargo, la media, hoy por hoy, del conocimiento humano se dobla cada trece meses. IBM calcula que con el internet de las cosas el conocimiento podrá doblarse cada doce horas. Claro que esto es de momento una especulación.

10 _ *Enfocamos el objetivo: 40 consideraciones para el cambio educativo*, colección «Transformando la educación» del proyecto Horizonte 2020, <http://h2020.fje.edu/es/cuadernos>. Ahí puedes leer el capítulo 1, especialmente las págs. 20 y 21.

11 _ Ya sé que «sólo» son palabras, pero las palabras reproducen de manera inconscciente nuestros marcos mentales y vale la pena estar atentas.

12 _ La palabra «aprehender» me resulta muy sugerente cuando hablamos de aprendizaje, ya que sólo podemos utilizarla cuando un conocimiento ha quedado grabado muy profundamente en nuestra conciencia. Aprehendemos sólo aquello que tiene sentido para nosotras.

13 _ Francisco Mora es catedrático de Fisiología Humana por la Facultad de Medicina de la Universidad Complutense de Madrid, doctor en Medicina por la Universidad de Granada y doctor en Neurociencias por la Universidad de Oxford, además de profesor adscrito de Fisiología Molecular y Biofísica en la Universidad de Iowa. Actualmente desarrolla su trabajo entre la Universidad de Iowa y España. Incansable divulgador y autor de una extensa bibliografía, cito únicamente su última publicación, *Neuroeducación: sólo se puede aprender aquello que se ama*, Barcelona, Alianza, 2017.

**PUERTA 1**

# Sin actitud lúdica no hay maravillas

Apenas te acercas a la primera puerta aparece de la nada una mesa perfectamente puesta para la hora del té. **El Sombrerero** te saluda con solemnidad y te muestra una llave:

—¿Jugar? ¿Tú juegas? ¿Tienes juegos? ¡Yo jamás tengo juegos! ¿En qué se parece el Tetris a unas sábanas? ¿Lo sabes? ¿Te rindes? ¿Jugamos a inventar palabras? Sí, sí, sí: Sombrerero lo-co, tú eres lú-di-ca... ¡Lo tengo! ¡Estamos «locúdicos»!

»¿Buscas una llave? ¡Yo tengo una llave! ¿La quieres? Te la he estado guardando. La encontrarás al final de esta puerta. Disfruta del paseo. ¿Lo harás? ¡Hazlo, hazlo! Si lo haces, tengo para ti preparado uno de mis sombreros. Con él podrás ser "locúdica" siempre que lo necesites.

Si observamos lo que ocurre a nuestro alrededor, fácilmente llegaremos a la conclusión de que el juego es una característica humana. Por todas partes vemos a niños, jóvenes, adultos y ancianos jugando, ya sea a la pelota, las cartas, los monopatines, el Candy Crush (o cualquier otra variante), el *bridge* o Clash Royale, haciendo *sudokus* o crucigramas, montando en bicicleta, lanzando la última peonza, poniéndose disfraces por Carnaval o saltando dentro del agua y chapoteando con las olas.

Sin embargo, en nuestra experiencia también encontramos a algunas personas que decían que no les gusta jugar. Quizá mientras lees estas líneas estés pensando: «Pues yo soy una de ellas: a mí no me gusta jugar; ¿soy un bicho raro?». ¡Por supuesto que no! Muchas de las que dicen que no les gusta jugar pasan largas horas practicando deporte, yendo de excursión, perfeccionando sus fotografías o ensayando su próxima innovación en la cocina.

Seguramente lo que les ocurre a estas personas es que no les gustan los juegos. Pero no sólo jugamos con los juegos. **Los juguetes y los juegos son meros instrumentos**, no nos confundamos. Hay adultos que no soportan la idea de jugar y a la vez responden apasionadamente a una propuesta que se les formula como un reto, una afición o una actividad social: eso sí, sin que la palabra «juego» aparezca por ninguna parte.

También podría ser que la suspicacia que sienten algunas personas respecto al juego se deba a que **en éste no existen jerarquías: todos somos iguales frente a sus reglas**. Da igual que seamos papá, mamá, la directora de la escuela o la jefa de estudios: en un juego, nuestro estatus no nos va a dar ventajas.

 **Esta incertidumbre puede provocar inseguridad, vergüenza, sensación de ridículo o incluso frustración. Sin duda, dependiendo de nuestra personalidad, superar estas emociones y ponerse en situación de juego será algo que supondrá todo un reto.**

No olvidemos que el juego se ha visto a lo largo de la historia marginalizado, en un proceso de rechazo y recuperación continuo,[1] en el que la sociedad industrial aparece como su más reciente detractora. No es de extrañar que en una sociedad esencialmente material, en donde se premia lo útil y rentable, el juego sea visto como algo no sólo inútil, sino también —ya en la edad adulta— peligroso e incluso dañino. Venimos pues de este pensamiento y en él hemos crecido y nos hemos acostumbrado al uso negativo de la palabra «juego»: «no juegues conmigo», «esto no es un juego», «todo te lo tomas a juego», «deja de jugar que ya tienes una edad»...

**Pero llegados a este punto, deja que te proponga un viaje. ¿Estás preparada? Colócate en un lugar agradable y tranquilo. Ponte en una posición cómoda que transmita dignidad, cierra los ojos y respira profundamente. Allá vamos.**

**Con ayuda de tu mente, sal de donde te encuentras y sitúate en el exterior, en el lugar que tengas más cerca: una calle, una plaza, una terraza... Respira nuevamente y deja que tu piel sienta la atmósfera exterior. Quizá el sol caliente tu rostro, el viento agite tu cuerpo o la lluvia te moje. Quizá oigas el silencio, el canto de los pájaros o el ruido escandaloso de coches y motos. Escúchalo, huélelo, siéntelo. Luego, trasládate más lejos, hasta tu infancia, y busca entre tus recuerdos aquellos en los que te ves jugando. Posiblemente se te presenten varios recuerdos. Escoge uno, el primero que aparece o el que no quiera irse. Todos están bien. Míralo con detenimiento, como si estuvieras viendo una película en el cine. ¿Qué ves? ¿Con quién estás? ¿Qué hacéis? ¿Qué os decís? ¿Qué escuchas? ¿A qué huele? ¿A qué sabe? ¿Qué sensaciones notas en tu cuerpo?**

**Quédate un rato ahí y cuando tengas suficiente vuelve poco a poco, respira hondo y abre los ojos. Regálate un par de minutos y escribe aquí mismo qué palabras, emociones o sentimientos te vienen a la cabeza y al cuerpo. Date tiempo. ¿Quizá nostalgia? ¿Quizá alegría? ¿Amistad tal vez?**

Este viaje he tenido la suerte de poder realizarlo con miles de personas en las muchas conferencias y sesiones de formación que he tenido la oportunidad de impartir. Te ofrezco a continuación las palabras más repetidas y significativas:

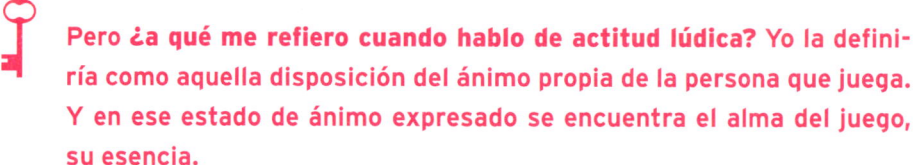

¿Coincide alguna con las tuyas? ¿Te sorprenden otras? Seguro que sí, porque en ellas se esconde la actitud lúdica. Marca las que te sorprendan; espero que a lo largo de tu lectura vayas descubriendo su significado y te vayan encajando más.

**Pero ¿a qué me refiero cuando hablo de actitud lúdica?** Yo la definiría como aquella disposición del ánimo propia de la persona que juega. Y en ese estado de ánimo expresado se encuentra el alma del juego, su esencia.

La actitud lúdica tiene que ver con la capacidad de asombrarnos, con la curiosidad, con las «ganas de...», con la creatividad y el tratamiento no convencional de ideas y objetos. **Es una actitud ante la vida.** Y, por suerte, ¡se entrena!

Johan Huizinga,[2] en su exquisito libro *Homo ludens*,[3] define al ser humano como individuo que juega, criatura abierta al misterio y a la belleza. Sin duda, su caracterización es tanto o más sugerente que los anteriores *Homo faber* y *Homo sapiens*. De esta manera, nuestra capacidad lúdica **aparece como una de las características que nos forman y conforman como seres humanos**, ya que, según Huizinga, «las grandes ocupaciones primordiales de la convivencia humana están ya impregnadas de juego».[4]

Para este pensador, la cultura humana brota del juego. En este sentido, cultura y juego están íntimamente relacionados. El juego precede al ser humano, ya que antes de que existiera la humanidad, muchos animales ya jugaban; pero el ser humano es una de las pocas especies que mantiene su capacidad de jugar a lo largo de toda su vida, lo que nos ha dado muchas ventajas de supervivencia. Esta capacidad de juego está asociada a la biología, por supuesto, pero Huizinga nos enseña cómo también lo está a la cultura. El juego, ¡lo no serio!, digamos que la curiosidad gratuita por todo lo que nos rodea, la invención y la creatividad, son la base del arte y de la ciencia; en definitiva, del progreso. Lo lúdico, por su función creadora, está presente en todos los procesos.

Pero volvamos a nuestro viaje y empecemos por encontrar algunas de las palabras clave que describen la acción de jugar. Huizinga[5] la describe así:

El juego, en su aspecto formal, es una acción libre, ejecutada «como si» y sentida fuera de la vida corriente, pero que, a pesar de ello, puede absorber por completo al jugador, sin que haya en ella ningún interés material, ni se obtenga en ella beneficio alguno, que se ejecuta dentro de un determinado tiempo y un determinado espacio, que se desarrolla en un orden sometido a reglas y que da origen a situaciones que propenden a rodearse de misterio o a disfrazarse para destacarse del mundo habitual. [...] El juego se acompaña de sentimientos de tensión y gozo.

**¿Pero es lo mismo «el juego» que «los juegos»? Martine Mauriras-Bousquet[6] nos regala una explicación sencilla pero muy potente. Para ella, los juegos en plural (algo más o menos equivalente a *games* en inglés) son instituciones sociales, representaciones tangibles de la manera en que las diferentes culturas expresan sus maneras de jugar.**

**Es decir, fragmentos de juego. Sin embargo, el juego en singular (traducido al inglés como** *play*)**, y yo añadiría «en mayúsculas», es una actitud vital. En sus palabras: «Es una actitud existencial, una manera particular de abordar la vida que se puede aplicar a todo y que no corresponde a nada en particular».**

Es decir, **la actitud de juego trasciende los propios juegos**. ¿O acaso no nos hemos aburrido alguna vez jugando a las cartas, al fútbol o al Trivial y en cambio recordamos con intensa alegría aquella anécdota de uno de nuestros viajes o aquella primera excursión con botas de montaña? ¿Qué es lo que convierte a los juegos en juego y nos hace vivir una actividad como un juego? Mauriras-Bousquet nos recuerda así que ningún juego instituido garantiza en sí mismo el juego. Porque **el juego está en la persona y no en la actividad**. De esta manera, si los juegos son actividades, es decir, **acción**, el juego es la actitud que los convierte en juegos. Queda claro, pues, que las personas a través de nuestra actitud podemos convertir cualquier actividad en juego al estilo de Mary Poppins y cualquier juego en un aburrimiento o un horror, al estilo de la Reina de cartas de nuestra querida Alicia.

Pongamos el ejemplo de saltar a la cuerda. Puedo saltar a la cuerda en el patio o puedo hacerlo dentro de un plan de entrenamiento en la clase de educación física. En uno y otro caso, lo que va a determinar si esa actividad es un juego o no va a ser la actitud con la que yo salte. Puedo estar saltando a la cuerda con mis alumnos deseando que suene el timbre para volver a clase, o estar entrenando con ilusión y ganas, como si de un juego se tratara. Y es que, repito, somos nosotras quienes tenemos la capacidad de convertir cualquier actividad en un juego.

Lo vemos en los más pequeños. La infancia tiene la asombrosa capacidad de convertir los objetos en juguetes: la cuchara de madera puede convertirse rápidamente en un micrófono o en una marioneta y los palos de escoba en caballos o escobas voladoras.

**Esa capacidad de transformar los objetos en juguetes también nos da la posibilidad de transformar cualquier acción en un juego. He aquí el gran descubrimiento. La capacidad de jugar no está en los objetos, ni en las actividades que se nos proponen, sino en nosotras mismas. En nuestra capacidad de mirar lúdicamente. Conectar con nuestra propia**

**actitud lúdica y entrenarla es algo que resulta imprescindible si queremos poner en marcha el poder del juego para transformar la educación.**

Antes de continuar, te propongo un breve repaso a **tres de los conceptos clave que aparecen en la definición de Huizinga**, ya que tienen mucho que ver con la actitud lúdica:

**Libertad.** O dicho de otra manera, no se puede obligar a jugar. Podemos obligar (o nos pueden obligar) a participar en un juego o a utilizar un juguete, pero nunca a poner en marcha nuestra actitud de juego. El juego es, en este sentido, una conducta intrínsecamente motivada. Éste es uno de sus grandes poderes: el juego conecta con nuestra motivación intrínseca.

**Gozo.** Jugamos por el grado de satisfacción que nos produce el hecho de jugar. Es un placer ligado a la diversión pero todavía más al disfrute gozoso. Pero atención: en nuestra mentalidad adulta, a menudo relacionamos placer con falta de esfuerzo. Rápidamente nos vemos saboreando una exquisita comida, relajándonos en una tumbona o escuchando una música que nos regale los oídos. El placer del juego, por el contrario, está ligado muy a menudo al **esfuerzo** de haber superado un reto, sea éste la construcción de una torre, haber ganado una partida o conseguir correr una maratón. En este sentido, el esfuerzo ligado al juego es un esfuerzo que no nos pesa, sino que más bien nos hace volar. Y he aquí otro de los poderes del juego. Al disfrutar de la acción, aunque ésta cueste un esfuerzo, se está más dispuesto a mantenerlo porque el tiempo se funde hasta llegar casi a desaparecer. Es lo que llamamos *flow*[7] y que tan bien nos ha explicado Csíkszentmihályi. Sin embargo, este tipo de placeres no son los únicos vinculados al juego, también lo están el asombro, la belleza, la transgresión o la posibilidad de compartir con otros.

**Ausencia de interés material** y de la satisfacción directa de necesidades y deseos. Es decir, gratuidad de la acción. Éste es un concepto que rara vez asociamos al juego y, sin embargo, es fundamental. Nos remite a la idea de que el juego es básicamente un fin en sí mismo, es decir, que su única finalidad es la alegría y el placer que conlleva. Lo decía así Martin Heidegger en *Le Principe de raison*:[8] «¿Por qué juega el niño al que Heráclito atribuye el Juego del mundo? Juega porque juega. El "por qué" desaparece en el juego. El juego no tiene por qué. Juega mientras juega».

En una sociedad en que todo debe tener una utilidad, la idea de que el valor del juego es el propio juego se nos hace extraña y confusa. Y sí, efectivamente, **cuando jugamos no esperamos ningún otro beneficio que el propio placer de jugar**. ¿O es que el niño o el adulto que juega con Lego lo hace esperando mejorar su orientación espacial o su capacidad de liderazgo? Podemos dirigir un campo de batalla en el ajedrez o jugando al *Clash of Clans*, pero ni morimos ni matamos a nadie; construimos hoteles y casas o nos arruinamos jugando al Monopoly, sin que nuestra cuenta bancaria se altere.

**Jugar consiste en hacer algo por el puro placer de hacerlo y hacerlo libremente, sin esperar nada a cambio —más que el propio placer de jugar—, sólo por el reto que supone, por la alegría y felicidad que desprende.**

Todo lo que conseguimos en el juego ocurre fuera del proceso de satisfacción directa de nuestras necesidades y deseos. Sólo está motivado por la necesidad de saciar nuestra curiosidad, de ponernos a prueba, de imaginar otras realidades o de transgredir las normas. Se juega porque se juega, sin que exista un porqué ni una razón fuera del propio juego. Sin embargo, la magia del juego consiste en que, al jugar, aparece un sinfín de lo que podríamos llamar «beneficios colaterales».[9]

En este sentido, la actitud lúdica tiene mucho que ver con sentirnos libres y disfrutar de la vida que nos ha tocado vivir con capacidad de agradecimiento. Sugerente, ¿no?

**En definitiva, jugar es una acción libre y espontánea, una de las fuentes más importantes de progreso y aprendizaje a lo largo de nuestra vida. Una fuente inagotable de placer y satisfacción. Una actitud ante la vida que promueve en la persona las ganas de saber, de sentir, de esforzarse, de vivir las dificultades como retos, de mantener viva la capacidad de asombro. Una actitud de libertad, de pasión y disfrute de la vida tal como viene. Una actitud agradecida, con sentido del humor, capaz de asumir riesgos y someterse a normas. En definitiva, una actitud de mente abierta y capacidad de disfrute en la que son posibles actividades simbólicas como el juego, el arte o la escritura. Como dice Mauriras-Bousquet: «¡Puro apetito de vivir!».**

**❓ Por todo ello, ¿qué sería de la educación sin actitud lúdica? ¿Puede haber aprendizaje sin ella?**

Podemos discutir sobre si la educación debe ser o no divertida, pero es indiscutible que la educación **debe producir gozo y satisfacción**, tanto entre el alumnado como en el profesorado. Debe por tanto estar conectada con las más íntimas motivaciones intrínsecas del ser humano.

No nos confundamos: si aplicamos la actitud lúdica a la educación y hacemos nuestra esa máxima de disfrutar aprendiendo y aprender disfrutando, no queremos decir que se trate de pasarlo en grande todo el rato entre risas y alboroto. Sino más bien de cultivar la curiosidad y la capacidad de asombro, incentivando la sorpresa y el cuestionamiento tal como sugiere Rachel Carson[10] en el breve y poético texto de *El sentido del asombro*. Tiene que ver con **tener los sentidos alerta para que se despierte la emoción**, sin la cual no hay disfrute ni aprendizaje. Carson lo formula así: «Sinceramente, creo que para el niño, y para los padres que busquen guiarle, no es ni siquiera la mitad de importante conocer que sentir».

Pero ¿podemos identificar cuáles son los comportamientos propios de este estado de ánimo que llamamos actitud lúdica? Veamos lo que podría ser un decálogo:

1. Actuar con libertad.
2. Vivir en el presente.
3. Tener iniciativa, tomar decisiones.
4. No tener miedo a equivocarse.
5. Vivir la dificultad como reto.
6. Implicarnos en la tarea con pasión.
7. Tratar los objetos y las ideas de manera no convencional, sin prejuicios.
8. Tolerar la incertidumbre.
9. Cultivar el asombro (sorpresa y pregunta).
10. Disfrutar de la belleza.

Y todo ello no sólo cuando jugamos, sino como actitud vital. Conocer nuestras capacidades en este sentido y procurar aumentarlas cada día va a ser algo fundamental para poner el juego en el centro del proceso de enseñanza y aprendizaje, como base del proceso de transformación de la educación. Es decir, si no trabajamos en nuestra propia transformación, será difícil poder transformar nada. No olvides que sólo se transmite lo que se contiene. Parece obvio, pero a menudo tendemos a olvidarlo.

Ya ves: salir de nuestra zona de confort, donde el riesgo es controlado y sobre todo controlable, y dar el primer paso adelante es imprescindible para comenzar la partida. Ésta es pues la primera puerta que debemos cruzar.

 **¿Empezamos por entrenar la actitud lúdica? Te presento el ludómetro. Con él vas a poder medir tu nivel de actitud lúdica al comenzar este viaje y tener así tu particular diagnóstico.**

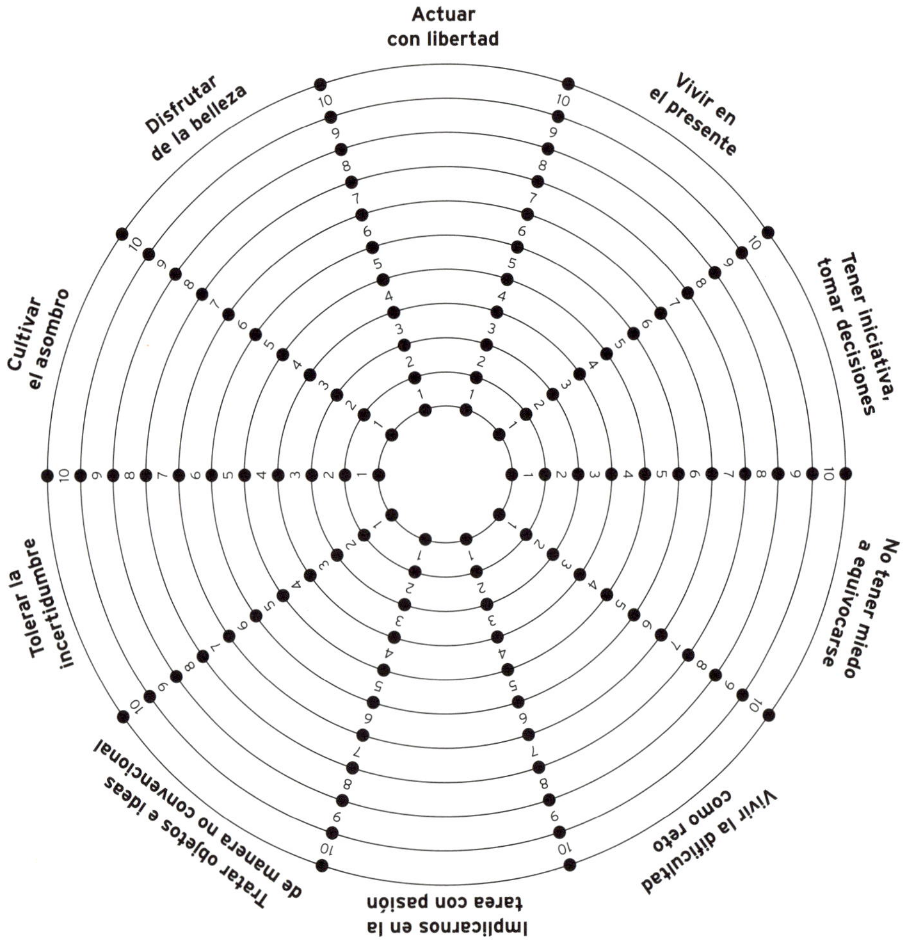

Las circunferencias están dispuestas del 0 al 10, en donde el 0 está en el centro y la última circunferencia marca el 10. ¿Dónde te sitúas hoy respecto a cada uno de estos diez comportamientos? No te precipites. Sé sincera. Aquí puede serte de ayuda sentir cuál es tu reacción cuando quedas atrapada con el coche en un atasco y llegas tarde, o cuando a alguno de tus hijos les da por descubrir una hormiguita paseando por su habitación justo cinco minutos antes de salir para el cole, o cuando pierdes estrepitosamente en una partida de tu juego favorito.

Pinta tu puntuación con un mismo color. ¿Te sientes satisfecha con el resultado? ¿Tienes margen de mejora? ¿En todos los comportamientos? ¿En unos más que en otros? La verdad es que, afortunadamente para nosotras, siempre hay margen de mejora, ya que algunos aprendizajes, como por ejemplo el sentirnos libres, necesitan de nuestra consciencia a lo largo de toda la vida.

No queda más remedio que salir de nuestra zona de confort y tomar la decisión de aprovechar nuestras oportunidades de mejora. Y ahora sí, como diría Winnicott,[11] si has de salir de la zona de confort, ponle creatividad. ¡Vamos a ello!

---

 **Antes de proponernos nada, tenemos que poner sobre el tablero dos nuevas piezas:**

**Permiso (dar):**
- **A nosotras mismas para ponernos en juego, disfrutar, equivocarnos, bromear, reírnos incluso de nosotras mismas, etc.**
- **A las demás para ponerse en juego, probar, atreverse a entrar en el mundo de lo absurdo, reír juntos, etc.**

**Confianza (generar):**
- **En una misma, en que soy capaz, en que puedo superar el reto, tengo ideas, soy más creativa de lo que pienso, puedo disfrutar...**
- **En las demás, en el equipo, en el alumnado...**
- **En la propuesta, el juego, la acción, el momento de vida...**

Con el permiso concedido y la confianza a punto, te propongo ahora que pienses durante un tiempo limitado, de una semana o un mes (no mucho más, si no quieres olvidarte), en un objetivo que te ayude a avanzar en alguno de los comportamientos descritos o en varios de ellos. ¿Cómo harás para entrenar ese aspecto?

**Escribe tu propósito o propósitos y revísalos a menudo. Recuerda que para llegar al máximo, es decir al «10», hace falta salvar las puntuaciones anteriores con pequeños objetivos que nos acerquen a la meta. Cuando haya pasado el tiempo que te habías marcado, vuelve al ludómetro y vuelve a puntuarte. Ver los progresos ayuda a seguir avanzando. Nuestro propio reconocimiento nos alienta. Por cada avance, regálate algo que te guste, no hace falta que sea nada material, al contrario. Recuerda que estamos hablando de «ludicidad». Puede ser quedarte cinco minutos más en la cama o levantarte antes para ver el amanecer. Tú te conoces mejor que nadie. Entrenarse requiere mucho mimo, no lo olvides.**

Cuadro de objetivos

En resumen, el juego, lo lúdico, es una característica del desarrollo de la humanidad. La pulsión del juego, que es igual que la pulsión de la curiosidad, nos ha dado una ventaja importante en nuestra supervivencia. Es algo tan cierto como que el juego es más viejo que la cultura, ya que los animales no han esperado a que el hombre les enseñara a jugar.[12] Pero nosotras, hombres y mujeres, somos de los pocos mamíferos[13] que mantenemos nuestra capacidad de juego a lo largo de toda la vida. ¿La vamos a desaprovechar?

El juego, es decir, la curiosidad, la risa, la satisfacción de superar retos que nosotras mismas nos imponemos, por el simple placer de conseguirlo, de superarnos a nosotras mismas o de imponernos a las circunstancias, la satisfacción de imaginarnos siendo otras personas ante los demás..., son actividades que nos atraen de una manera u otra y que a su vez nos proporcionan experiencias saludables tanto física como psicológicamente. **Es una manera de vivir la vida y de relacionarnos con ella**. Y, como es natural, no podemos desaprovechar esta magnífica capacidad que nos aporta una mirada fresca y apasionada para transformar la educación.

Pues bien, con tu actitud lúdica ya preparada, ¿sabrías responder a la pregunta que dejó caer el Sombrerero? ¿Qué tienen en común el Tetris y una sábana? ¿Ya lo sabes? ¿Seguro?

 **Anótalo aquí**

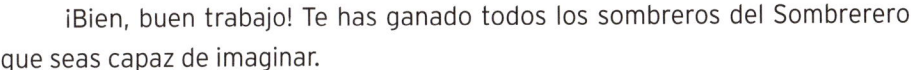

¡Bien, buen trabajo! Te has ganado todos los sombreros del Sombrerero que seas capaz de imaginar.

Y si quieres saber cuál es la solución que he pensado yo, mira al final de la página siguiente y encontrarás mi respuesta.

Primera puerta, ¡superada!

En otras circunstancias, despedirte de un Sombrerero que te califica de «locúdica» te hubiera parecido como mínimo extraño. Pero apenas puedes pensar en ello porque vuelves a estar rodeada de puertas mientras el *tap, tap, tap* del pie del impaciente Conejo Blanco —que, dicho sea de paso, intenta ponerse los guantes en las orejas— te empuja a tomar una decisión de forma inmediata. Das un paso...

Solución : ¡Que podemos jugar con ambos!

**Notas**

1 _ Marshall Sahlins (1930), antropólogo norteamericano, nacido en Chicago. Autor de *Edad de Piedra, edad de abundancia* (1976).
2 _ Johan Huizinga (1879-1945), historiador y filósofo neerlandés. Conocido en el mundo del juego por su obra *Homo ludens*.
3 _ *Homo ludens,* Madrid, Alianza, 1995. Me es imposible hablar de juego sin citar su lectura. En esta obra, Huizinga estudia el juego como fenómeno de la cultura y no, como se había hecho hasta ese momento, por sus aspectos biológicos, etnográficos o psicológicos. En sus palabras: «Hace tiempo que ha ido cuajando en mí la convicción de que la cultura humana brota del juego −como juego− y en él se desarrolla» (pág. 8).
4 _ Ibíd., pág. 15.
5 _ Ibíd., págs. 26 y 44.
6 _ Martine Mauriras-Bousquet, «Ganas de vivir», *El Correo de la Unesco,* París, n.º 4, junio de 1991, pág. 13. Leí esta revista por primera vez en septiembre de 1991 y quedé fascinada, especialmente de este artículo, pero también de los otros que contiene, como por ejemplo el de Graciela Scheines, titulado «Entre el orden y el caos» (págs. 19-21), o el de Chalva Amonachvili, «La naturaleza, maestra del juego». Mauriras-Bousquet es psicosocióloga y escribió este artículo cuando formaba parte del sector de educación de la Unesco.
7 _ Mihály Csíkszentmihályi (1934), psicólogo húngaro que ha introducido el concepto psicológico del *flow*, entendido como un estado de la mente de suma concentración en el que el tiempo desaparece. Véase *Fluir (flow): una psicología de la felicidad,* Barcelona, Debolsillo, 2011.
8 _ Martin Heidegger (1889-1977), filósofo alemán. *Le Principe de raison* fue publicado por primera vez en 1962. Actualmente se puede leer en la colección Gallimard, n.º 79 (1983).
9 _ Este concepto asociado al juego se lo oí mencionar por primera vez a Oriol Comas, experto en juegos de mesa y director del Festival de Juegos el Dau de Barcelona, y me pareció muy afortunado. Puedes conocer mejor a Oriol en <http://www.comascoma.com>.
10 _ Rachel Carson (1907-1964), bióloga marina estadounidense y precursora de lo que hoy entendemos como ecologismo. «El sentido del asombro» es un artículo, convertido luego en libro, que escribió en 1964 para su sobrino Roger, de quien se hizo cargo cuando el chico tenía cinco años. Es un delicado texto escrito en prosa poética

que nos transmite su amor por la naturaleza. Véase *El sentido del asombro,* Madrid, Encuentro, 2012, pág. 29.

11 _ Donald Winnicott (1896-1971), pediatra y psiquiatra psicoanalista nacido en Inglaterra. Entre sus investigaciones destaca la relación madre-hijo y el aporte del juego. Destaco aquí su libro *Realidad y juego*, escrito en 1971 y publicado en 2009 por la editorial Gedisa.

12 _ Huizinga, J., *Homo ludens,* Madrid, Alianza, 1995, pág. 11.

13 _ También hay animales que juegan en la etapa adulta, como los delfines, los primates e, incluso, algunos pájaros, por ejemplo, los cuervos.

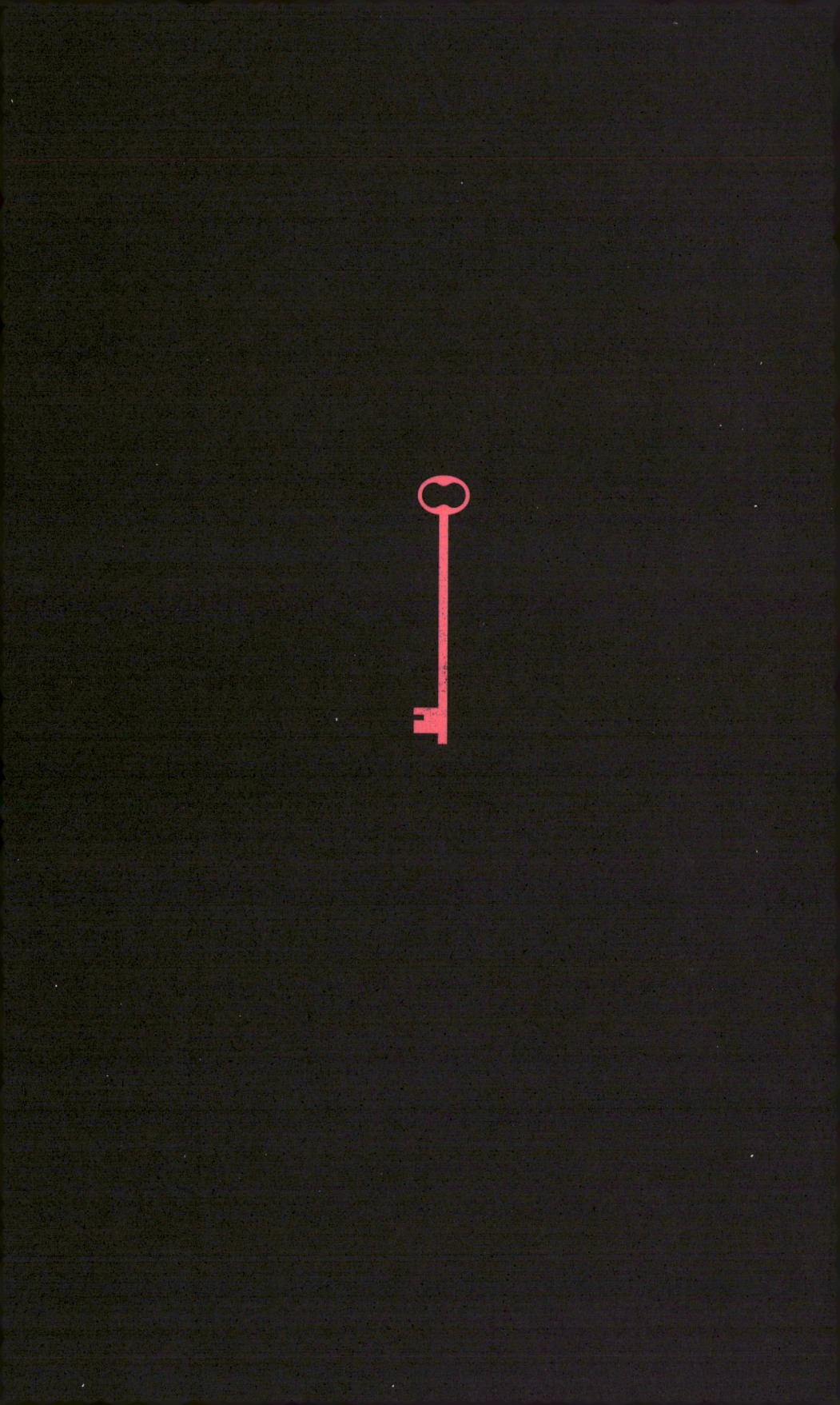

... te acercas a la segunda puerta y oyes un lastimero «¡ay!». Bajas la vista y un **ratón** te increpa mientras trata de rescatar su cola de debajo de tu pie:

—¡Silencio, por favor! Presten atención. Debemos remontarnos al origen de los tiempos en los que las culturas misiceónicas carecían de medios para conquistar otros territorios, también llamados tierpóbidos. Fue así como Constibópila se configuró como... ¡Eh, tú! ¿Estás escuchando? ¿Acaso no te interesa mi historia? Cierto es que parece enrevesada y tal vez algunas palabras no te sean familiares, pero conozco a alguien tras esta puerta que sabe explicarse mejor. Y como mi generosidad no tiene precedentes, te presto este dado porque ¡qué sería de una historia sin el azar haciendo de las suyas!

La historia de los juegos viene de lejos y sin duda es tan larga como la cola de nuestro amigo ratón. Su origen, y vuelvo a remitirme a Huizinga, de quien ya te he hablado en el capítulo anterior, se funde con el origen de la cultura o, dicho de otro modo, la gestación y el desarrollo de la cultura posee un carácter lúdico, y, a su vez, los juegos son expresión de la cultura que los crea y practica. De hecho, los animales juegan sin necesidad de que los humanos les enseñáramos a hacerlo. El juego ha sido un elemento vital para el desarrollo de la humanidad. **La aparición de lo simbólico marca un momento clave, ya que el juego se desarrolla sobre una representación y no sobre el objeto real**. A la imitación y la exploración se añade ahora el símbolo. Las pinturas rupestres quizá sean la primera muestra que nos llega. Es ahí donde nos diferenciamos definitivamente de los animales, incluso de los más cosmopolitas.

 **No te equivocas si afirmas que se ha jugado siempre y en todas partes. La pulsión del juego nos empuja desde el nacimiento a tocar, observar, explorar e imitar todo lo que nos rodea, imaginando, creando y recreando nuevos entornos. De niños, todos jugamos en cuanto se nos da la oportunidad.**

Sin duda, el juego tiene un carácter universal, aunque varía y evoluciona según las edades y adquiere unas características distintas según el contexto cultural donde se desenvuelve.

¿Has jugado alguna vez con una peonza? El origen de este objeto es incierto, así como su antigüedad, aunque sabemos que en el 4000 a. C. ya se jugaba con ellas puesto que se han encontrado diversos ejemplares, construidos con arcilla, a orillas del río Éufrates. La encontramos presente en prácticamente todas las culturas del mundo. Algunas son muy fáciles de lanzar y otras realmente complejas, tanto que sólo los más habilidosos consiguen hacerlas bailar. También vemos cómo el contexto cultural influye modelando sus formas así como los materiales con los que han sido realizadas. Yo las colecciono, ¡me apasionan! Tengo más de cuatrocientas, todas ellas distintas, y en cada una puede verse reflejada la cultura que las ha creado. Son piezas que siempre llevan a preguntarme ¿qué elemento poderoso hay en ellas para que hayan sido capaces de sobrevivir a la cultura que las ha creado y continúen provocando, generación tras generación, las ganas de conseguir lanzarlas y verlas bailar?

**Juegos y juguetes que han sobrevivido a las sociedades que los crearon hay muchos: los dados, la rayuela, las canicas, la pelota, las muñecas –incluso las articuladas tipo «maniquí»–,¹ el yoyó y muchos juegos de tablero son sólo algunos ejemplos.**

De la importancia de estos juegos desde sus inicios nos habla su presencia en la literatura y las artes de la Antigüedad. Encontramos juegos en tumbas egipcias, así como pinturas funerarias de personas jugando. Pinturas en piezas de cerámica y ornamentos griegos, en el suelo de los foros romanos, y así hasta hoy. Un dato que para nuestra mentalidad del siglo XXI puede resultar chocante es que esta presencia de los juegos a lo largo de la historia está asociada a la infancia, ¡por supuesto!, pero también –y muy insistentemente– a la vida adulta.

 **Hay una frase de Friedrich von Schiller² que desde que la leí por primera vez me acompaña siempre: «El hombre sólo es verdaderamente hombre cuando juega»;³ es decir, juego y juegos trascienden la infancia porque forman parte de la esencia del ser humano.**

Te propongo detenernos en algunos momentos clave en la historia de los juegos. He escogido los que más me gustan a mí, pero si curioseas podrás encontrar tú misma otras muchas historias inspiradoras.

Los primeros juegos de tablero⁴ que se conocen tienen sus orígenes en el 3000 a. C., aproximadamente; es decir, cuentan con nada más y nada menos que cinco mil años de antigüedad. Varios de ellos compiten por ser el más antiguo, pero se desconoce ese dato. En cambio, sí que sabemos que buena parte de ellos tienen su origen en la civilización egipcia y que se destinaban al entretenimiento de los adultos. También se han encontrado juegos en China, Corea, Japón, África, Sumeria y en la zona de Mesoamérica.⁵ De algunos de estos juegos desconocemos las reglas y, por lo tanto, no sabemos cómo se jugaban, pero otros se mantienen vivos en la actualidad. Pasa también con juegos como los de pelota, con la que ya jugaban nuestros antepasados más remotos, pero desconocemos la mayoría de los juegos que se practicaban con ella. Con los juegos de tablero todavía resulta más inquietante. Contamos con tableros hallados en yacimientos pero sin «instrucciones» que nos aclaren su significado o su uso. Y tales retos han suscitado el interés de numerosos arqueólogos, etnólogos e historiadores. ¿He despertado tu curiosidad? ¿Quieres conocer algunos de estos juegos? Vamos a ello.

Comienzo por el **juego real de Ur**, descubierto a principios del siglo xx en la excavación de las tumbas reales en la ciudad de Ur, situada en el sur de Mesopotamia. Puedes ver el juego original en el Museo Británico de Londres, donde está expuesto. Su origen data de aproximadamente el 2600 a. C. Este juego se jugaba entre dos personas, cada una de ellas con siete fichas, blancas o negras, al estilo del ajedrez o las damas y con tres dados piramidales. Es quizá el máximo exponente de la larga tradición de juegos de tablero de la **cultura lúdica** mesopotámica.

**Juego de Ur**

El **senet** es originario del antiguo Egipto. Su referencia más antigua se encuentra pintada en la pared de una tumba de la dinastía III, es decir, que data del año 2650 a. C., aproximadamente. En la tumba de **Tutankamón** se han encontrado cuatro senets, de lo cual se deduce que el faraón debía ser un gran aficionado. Como muchos otros juegos, se cree que éste podía tener **cierto carácter mágico y trascendente**, ya que se han encontrado en múltiples tumbas, tanto de nobles como del pueblo llano, grabados en donde se ve a la persona difunta jugando contra un adversario invisible. Esta imagen repetida ha hecho suponer que los egipcios creían que en su tránsito al más allá debían enfrentarse a alguna deidad y que el resultado de la partida estaba relacionado con su destino. Se juega también con siete peones con los que se recorre el tablero.

Con el **go** viajamos hasta China para conocer al emperador **Yao** y nos situamos en los años 2357-2255 a. C. Cuenta la leyenda que fue el mismo emperador quien se inventó el juego y se lo enseñó a su hijo para **entrenarlo en el gobierno** del país. Otra versión de la misma leyenda, para mí más creíble, cuenta que le encargó el juego a un consejero para **estimular a su hijo con dificultades de aprendizaje**.

Tocar un instrumento, jugar al go, tener buena caligrafía y saber pintar un cuadro eran cualidades consideradas imprescindibles para cualquier intelectual chino. De ello se desprende que el go fue en sus orígenes un juego de las clases gobernantes e intelectuales y, además, debido a su gran base estratégica, muy apreciado por los militares. Hasta el punto de que, hacia los años 502-549 d. C., el emperador **Liang O-tu** escribió un tratado sobre el go y lo incluyó como **materia obligatoria** para todos los comandantes militares de su ejército. Curiosamente, la estrategia que propone es la de conseguir rodear los territorios de nuestro contrincante.

Entre los siglos v y vii se extendió desde China hasta Japón y Corea, en donde cosechó mucha popularidad entre las clases intelectuales y poderosas. Actualmente lo juegan aproximadamente cincuenta millones de personas en el Sudeste asiático, y es muy popular en Japón, en donde incluso se ha creado una liga profesional. Hoy en día normalmente se aprende a jugar en la infancia y se practica en la escuela, **por todos los aprendizajes que de él se desprenden**, como en muchas de nuestras escuelas se juega al ajedrez. Pero a diferencia de los países occidentales, este juego se mantiene con vigor entre la familia y en las empresas, en donde es frecuente ver jugar a empleados en los comedores del personal. También se juega en la calle y en locales especiales, los llamados «salones de go».

El awalé, también conocido como wari, oware o warri, tiene un origen disputado y forma parte de la familia de los **juegos del mancala**, entre los cuales

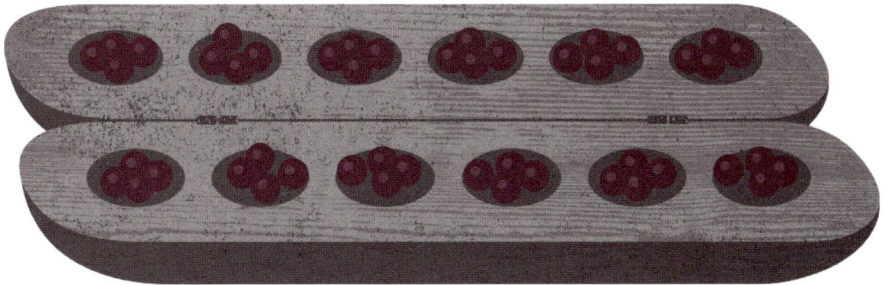

**Awalé**

destaca como uno de los más populares y jugados actualmente. «Mancala» es una palabra árabe que significa mover o trasladar. Esta familia de juegos emplea el mismo tipo de tablero y el mismo tipo de piezas y comparte además una serie de reglas básicas, aunque algunas normas y dinámicas varían, lo que da lugar a una gran cantidad de juegos distintos. Para entendernos, es algo así como la baraja de cartas española, con la que podemos jugar a un sinfín de juegos.

En cuanto a los juegos de mancala, la versión más aceptada los sitúa en Sumeria,[6] hace unos cinco mil años, al igual que el juego de Ur. No resulta extraño, ya que Sumeria está considerada como la civilización inventora de las matemáticas. De Sumeria, parece que a través de asirios, babilonios y comerciantes árabes, el juego llegó a Egipto y más tarde a India, China y a distintas partes de África,[7] donde se popularizó. El comercio europeo de esclavos llevó el juego de África al área del Caribe y al golfo de México, entre otros lugares.

En los juegos de mancala participan dos personas que se sitúan una enfrente de la otra con un tablero en medio formado por dos hileras de seis agujeros.[8] Cada jugador gobierna su propia hilera. Se juega con cuarenta y ocho piezas que pueden utilizar indistintamente los dos jugadores. A partir de una serie de reglas, cada jugador intentará obtener más de la mitad de las piezas para poder ganar. Una de sus principales características y lo que hace especial al mancala es que se trata de un juego **basado en la matemática, en donde el azar no tiene cabida**. Por eso se le conoce como el ajedrez africano.

A la pregunta de cuál fue su propósito original o qué representa, se responde con diversas teorías. A continuación te explico las dos que tienen más adeptos. La primera considera que, partiendo de su origen en Sumeria, el mancala habría sido posiblemente inventado por los comerciantes como un sistema de contabilidad para controlar las entradas y salidas de dinero. De ahí pasaría después a utilizarse como juego y **entrenamiento**. Otra teoría, la que sitúa su origen en África, lo asocia a un ritual, concretamente al ritual de plantación de la primavera. En este caso, las piezas se convierten en semillas y las hileras representan los campos de cada jugador.

De hecho, esta relación con la actividad agrícola es como actualmente se entiende el juego: dos campesinos que compiten por recolectar la mayor cosecha. Existen tableros muy diversos, pero también es costumbre jugar haciendo agujeros en el suelo.

Acabo con una anécdota de calado sobre este juego. En 2002 **John W. Romein** y **Henri E. Bal**, profesores de la Universidad Libre de Ámsterdam, quisieron comprobar qué pasaría si dos jugadores jugaran a la perfección. ¿Acabarían en tablas? Esa era su hipótesis. Para comprobarla idearon un programa informático que tuvo que analizar la friolera de 889.063.398.406 posibles jugadas, para lo cual necesitaron 51 horas de cálculos realizados por una serie de ordenadores en paralelo provistos de 144 procesadores.[9] Y todo por un juego inventado posiblemente en África hace más de tres mil años. Y sí, el juego acabaría en tablas, al igual que en el tres en raya, pero con un altísimo grado de dificultad.

Quiero ahora relatarte la sugerente historia que narra **Heródoto**[10] (482-425 a. C.) sobre el origen de los juegos. Sostiene que aparecieron en el reino de Lidia[11] y a causa de una gran hambruna, acontecida en el siglo XII a. C., Atis, el rey, viendo la desesperación en que había caído su pueblo, decidió adoptar una solución también desesperada. En esa decisión fueron protagonistas los «dados». Atis ordenó que un día todo el reino comería y al día siguiente todos jugarían. Y de este modo, **gracias al atractivo de los juegos estarían todos tan absortos que se olvidarían de comer** hasta el día siguiente. Cuenta Heródoto que así sobrevivieron durante dieciocho años. Parece que Atis utilizó los juegos para suavizar el sufrimiento de sus súbditos. Pasado este tiempo, la hambruna no había desaparecido, así que Atis se inventó un nuevo juego. Dividió a los lidios en dos grupos y decidió a suertes cuál de los dos se quedaba en Lidia y cuál partía a conquistar el mundo en una aventura épica. También a suertes decidió qué hijo se quedaría con él y cuál partiría. A Lido le tocó quedarse y a Tirreno, su otro hijo, partir.

Por fin, Lidia se libró de la hambruna y Tirreno, junto a la mitad de su pueblo emigrante, hizo honor a su reto épico y consiguió fundar doce ciudades en un territorio que llamó Tirrenia. Al reino de Lidia, Heródoto le otorga el origen no sólo de los dados, sino también el del astrágalo y la pelota. **¿Es posible que los juegos consiguieran salvar una civilización entera?**

**Sabemos, pues, que los juegos están presentes en todas las culturas y a lo largo de toda la historia de la humanidad, de manera que es lógico que los consideremos como parte de la experiencia humana. Desde sus inicios son entendidos como actividad placentera y de socialización, pero también desde sus inicios se asocian al rito, el reto o el entrenamiento, e incluso a la preparación para la vida y la supervivencia.**

La creación y aceptación libre de las reglas que conllevan los juegos es lo que nos permite seguir evolucionando como especie, construyendo las reglas por las que se rigen nuestros juegos más preciados, como la democracia, la religión e, incluso, la ciencia. Si no aprendiéramos a crear y a jugar respetando unas reglas, nuestro mundo se parecería al partido de cróquet en donde le toca jugar a Alicia. Con una reina tiránica que conduce el juego a su antojo, mientras a los jugadores no les queda otra que jugar aterrorizados.

 **Desde juegos tan complejos como el go o el awalé hasta ejemplos tan simples como los juegos de azar o la peonza, todos sin excepción despiertan mi capacidad de asombro ante la creatividad y la inteligencia de la que es capaz el ser humano y me confirman su poder en el desarrollo de la persona y de la propia comunidad.**

Pero sigamos, porque esto no ha hecho más que empezar. Más recientemente, en el año 776 a. C., encontramos ya la primera referencia de los **Juegos Olímpicos**, organizados cada cuatro años en la ciudad de Olimpia. Eran un verdadero evento auspiciado por los griegos, en el cual se proclamaba la «tregua sagrada» para que todos los participantes pudieran viajar sin peligro. La vida pública quedaba paralizada, así como todos los conflictos. Las Olimpiadas aseguraban durante su desarrollo una especie de paz pactada entre las diferentes polis que permitía el acercamiento entre los Estados griegos, incluidas las colonias.

Estos juegos se entendían como una manera de contribuir al desarrollo armónico del cuerpo y el alma, pero sobre todo de favorecer el encuentro y la amistad entre las polis griegas, creando **sentido de pertenencia**.

Siguiendo nuestra cola de ratón llegamos hasta **Platón** y su Academia, fundada en el año 387 a. C, donde se daba una gran importancia al **aprender jugando**. De hecho, a partir de ahora veremos cómo el juego, en tanto que recurso educativo para el aprendizaje, evoluciona y se modifica según las teorías educativas que se imponen en cada momento histórico. Es a partir de este momento cuando se formaliza la funcionalidad del juego ligada al aprendizaje de los más pequeños.

Platón en su libro *Las leyes*[12] propone que la educación comience cuanto antes, sugiriendo la edad de siete años para su inicio. Antes que eso, ya hacia los tres años cree conveniente que los niños jueguen en las plazas con sus cuidadoras y, a partir de los seis, que se les facilite objetos en miniatura propios de la profesión que ejercerán de mayores para así prepararse mejor para la vida adulta. También propone juegos para la instrucción de los niños, como por ejemplo que se utilicen manzanas para aprender mejor las matemáticas.

 **Parece que Platón fue claramente uno de los primeros, si no el primero, que propuso un uso práctico del juego relacionándolo directamente con el aprendizaje.**

Platón y, más tarde, su discípulo **Aristóteles** (384-322 a. C.) no sólo utilizaban juegos en sus enseñanzas sino que animaban a los padres de sus discípulos a que les proporcionaran juegos y juguetes que contribuyeran a **«formar sus mentes»** como futuros adultos y, para ello, desestimaron la vertiente más competitiva de los juegos.[13]

Aristóteles atribuye al juego la capacidad de compensar el cansancio propio del trabajo. Explica que al ser una actividad placentera, no cansa. También reflexiona que hasta los cinco años no es necesario condicionar a los niños hacia un estudio determinado y, de hecho, puede resultar contraproducente; pero aun así propone que se los mantenga activos: «Hasta la edad de cinco años, tiempo en que todavía no es bueno orientarlos a un estudio, ni a trabajos coactivos, a fin de que éstos no impidan el crecimiento, se les debe, no obstante, permitir movimientos para evitar la inactividad corporal; y este ejercicio puede obtenerse por varios sistemas, especialmente por el juego [...]; la mayoría de los juegos de la infancia deberían ser imitaciones de las ocupaciones serias de la edad futura».[14]

Resulta también inspirador que en la Grecia clásica la escuela elemental, entre los siete y los doce años, se llamara *ludus* y al maestro se le nombrara *ludus magister*. *Ludus* en latín significa «juego».

Acabo esta etapa con **Quintiliano** (30-95 d. C.), pedagogo hispanorromano nacido en Calahorra[15] y que hace una aportación importantísima, ya que es el primero en ver en el juego elementos de **motivación**. De hecho, lo que él propuso es que los procesos de aprendizaje se plantearan al alumno «como un juego» para evitar así su cansancio, para evitar que aborreciera el estudio y mantener su motivación.[16]

De la época medieval nos llega el *Libro de los juegos*[17] encargado por el rey de Castilla **Alfonso X el Sabio** (1251-1284). En él se presenta la descripción más antigua de juegos de mesa como el ajedrez, el alquerque,[18] los dados y las tablas,[19] todos ellos propios de la época. Uno de estos juegos de tablero, posiblemente sucesor del juego de Ur o del senet, es el **backgamon**,[20] al que todavía se juega en la actualidad.

En su introducción nos relata la historia de un rey indio que pide a tres sabios de su corte que le muestren su pensamiento acerca de tres conceptos: **seso, aventura y cordura**, y les exige que demuestren su razonamiento. Los tres sabios vuelven con tres juegos para explicar y demostrar sus razones: el ajedrez como modelo de «seso», los dados como demostración de «aventura» y las tablas como ejemplo de «cordura» y combinación de «seso» y «aventura». Esta reflexión nos da idea del sentido y significado que enmarca la selección de juegos expuestos en el libro y destaca el carácter intelectual y culto que se imprime a estos juegos, pero también se alude a los bajos instintos que pueden fomentar si se utilizan mal.[21]

Sin duda estos juegos debían de suponer un elemento cultural muy importante en la época para que el rey se interesara hasta tal punto por ellos. Sin embargo, poco más sabemos sobre la relación de los juegos con la educación en este periodo de la historia, en donde la niñez desaparecía hacia los cinco o siete años y los niños eran vestidos y tratados ya como adultos.

De la Edad Media llegamos al Renacimiento y con él al renacer del juego y la educación. ¿Recuerdas el cuadro *Juegos de niños* (1560) de **Pieter Brueghel**?[22] En él se aprecia a más de doscientas cincuenta personas –tanto niñas como niños, hombres como mujeres– jugando en una plaza pública. Reconocemos bolos, peonzas, la gallinita ciega, zancos, aros, dados, saltos a la comba; en total, algo más de noventa juegos, a muchos de los cuales todavía seguimos jugando hoy en día.

El siglo XVI nos regala el inicio del pensamiento pedagógico moderno, donde el juego aparece como un elemento importante y facilitador del aprendizaje. Una de las grandes aportaciones de **Jean-Jacques Rousseau**[23] a la educación es haber atribuido a la infancia valor por sí misma. No será la primera vez que escuches que fue él quien inventó el concepto de «infancia» tal como lo conocemos hoy. Para él, la pedagogía debía basarse en los conocimientos aportados por la psicología específica de la niñez. La idea de que los niños deben educarse en un ambiente de libertad, en el que puedan ser niños antes de ser adultos, es a su entender fundamental.

**En su obra *Emilio*,[24] defendió que cada edad tiene su «perfección idónea» y que no podemos conocer la esencia de la infancia si no nos adentramos en la esencia del juego. Los niños piensan, sienten, actúan y se expresan a través del juego. La educación, por tanto, tiene en el juego un gran aliado.**

En esta misma línea, **Gaspar Melchor de Jovellanos**[25] (1744-1811) defiende en sus obras el protagonismo del juego como instrumento pedagógico.

En el siglo XIX, a pesar de que la revolución industrial dejó poco tiempo al juego, o quizá por ello, diferentes escuelas pedagógicas alzaron la voz y resaltaron de nuevo la importancia del juego como recurso educativo de primer orden. He escogido sólo tres grandes referentes de los muchos que puedes conocer.

Para **Johann Heinrich Pestalozzi** (1746-1827), juego y educación comparten la acción de la exploración y la observación, posibilitando así un aprendizaje más significativo. Sostiene que los niños **aprenden de manera empírica** de su propia experiencia, cosa que hoy la neurociencia nos confirma.

**Friedrich Fröebel** (1782-1852)[26] es el padre de la educación preescolar. Para él, naturaleza y juego eran los dos aliados principales de la educación. Es el primero en **incorporar el juguete al proceso educativo**, así como el concepto de «**actividad lúdica**». Es decir, aquellas actividades que los niños (y los mayores) hacemos por el placer y disfrute que nos generan. De esta manera diferenciaba los juegos de las actividades y de las tareas. Se inventó un conjunto de bloques de construcción, además de incorporar historias, cuentos y fábulas como recursos para su proyecto educativo.

**Maria Montessori** (1870-1952)[27] estaba convencida de la gran capacidad del infante para aprender. Llega a la conclusión de que los niños se «construyen a sí mismos» y que lo hacen a través de lo que viven en su entorno. **Digamos que aprenden por el simple hecho de vivir.**[28] Esa vivencia es ante todo lúdica, de manera que los juegos aportan una buena parte de la estimulación que necesita el cerebro infantil para crecer y aprender. En esta línea pedagógica, **el juego tiene una gran importancia estratégica para el aprendizaje**, ya que permite a los niños explorar y experimentar de manera segura, analizar situaciones, resolver problemas... Es así como Montessori entiende el juego y eso, justamente, es lo que la llevó a desarrollar sus propios materiales didácticos y juguetes, la mayoría de los cuales se continúan utilizando hoy en día en las escuelas Montessori.

Otros aspectos del juego claves para ella son el **sentimiento de éxito** que se produce al superar un reto con esfuerzo y la **libertad de escoger y proponer en cada momento**, propia del acto de jugar. Toda su pedagogía está teñida de estos dos aspectos: las actividades escogidas libremente y la repetición que lleva al éxito. A Montessori le encantaba observar el **juego libre** de los niños, en el que el adulto no dirige ni supervisa. Y de allí aprendía cómo puede aprovecharse el impulso natural del juego en los niños para su crecimiento saludable y sus ganas de aprender.

Es durante la segunda mitad del siglo XIX cuando se despierta un efervescente interés por el juego y aparecen las primeras teorías psicológicas con la voluntad de profundizar sobre el origen y la función del juego. No te propongo detenernos en todas ellas porque son muchas y sería motivo de otra publicación. Simplemente te muestro a continuación las que han tenido más repercusión en su momento y las personas más destacadas de cada una de ellas. Si quieres profundizar, puedes hacerlo a través de sus obras y de alguno de los muchos estudiosos que te las explican, resumen y comparan.

### Teorías fisiológicas: exceso de energía y relajación

**Herbert Spencer (1820-1903) - Exceso de Energía**

Inspirado en la idea de Platón según la cual los jóvenes juegan porque no pueden estar en reposo y necesitan moverse, saltar, chillar, bailar, jugar..., considera que el juego es el resultado de la energía sobrante.

**Moritz Lazarus (1827-1903) - Relajación**

Entiende el juego como una necesidad vital predeterminada biológicamente. Su función es la de relajar a la persona para que pueda continuar con su trabajo.

### Teoría psicoanalítica

**Sigmund Freud (1856-1939)**

El juego posibilita la expresión de emociones y sentimientos actuando como una catarsis liberadora. También permite resolver simbólicamente situaciones difíciles para el niño.

**Donald Winnicott (1876-1971)**

A través del juego, el niño logrará conocer su entorno. Combina de manera armónica los aprendizajes afectivos y emocionales con los cognitivos.

### Teoría de la recapitulación

**Granville Stanley Hall (1844-1924)**

Entiende el juego como la recapitulación de la evolución de la especie. Cada individuo reproduce actividades de juego que ya realizaron nuestros ancestros.

### Teoría cognitiva

**Jean Piaget (1896-1980)**

El juego actúa como catalizador de las estructuras intelectuales de las personas. Dicho de otra manera: el juego es un medio para comprender el funcionamiento del mundo.

**Jerome Bruner (1915-2016)**

Afirma que cuando los niños «sienten» que están jugando son más hábiles en conseguir el objetivo que se les plantea.

### Teoría del ejercicio preparatorio

**Karl Gross (1861-1946)**

El juego actúa como un entrenamiento para la vida adulta y contribuye a la adquisición de patrones básicos de comportamiento.

### Teoría cultural y social

**Lev Vigotsky (1896-1934)**

Pone el acento en la función socializadora y cultural del juego. Sostiene que el juego nace de la necesidad y frustraciones del niño.

**Brian Sutton Smith (1924-2015)**

Afirma que el juego nace de las diferentes culturas como una manera de asegurar sus valores y creencias.

Las diferentes teorías han ido conformando y cuestionando los marcos mentales instalados en la sociedad, en donde el juego se ha asociado durante siglos a la pérdida de tiempo, la niñez, la inutilidad e incluso el vicio. Sólo fue aceptado como necesidad de evasión y descanso para poder generar nueva energía que se dedicara a lo realmente importante: el trabajo, el estudio, aquello que era «útil».

Para algunos es simple entretenimiento infantil, que, por suerte, una vez llegada la etapa adulta, se olvida. Una especie de sarampión infantil que se ha de superar para llegar a la verdadera madurez. Nuestro día a día está lleno de frases como: «deja ya de jugar, ¿no ves que ya eres mayor para eso?», «¡no juegues conmigo!», «¡con eso no se juega!» o «¿cuándo dejarás de jugar y te convertirás en una persona de provecho?». A pesar de los esfuerzos de muchos de los personajes que hemos recordado, todavía queda mucho de esto en la sociedad y, especialmente, en la escuela.

**La buena noticia es que la complejidad del propio juego, así como la relevancia del juego en la vida de las personas, mantienen vivo el interés por su estudio e investigación, en donde la neurociencia continúa haciendo valiosas aportaciones.**

Te presento, para acabar, a cuatro personas que actualmente continúan investigando sobre el juego y que a mí me resultan inspiradoras.

Comienzo por la doctora **Rosa Casafont**,[29] a quien conocí recientemente y a la que ya no he dejado de seguir. Basándose en su saber y en su experiencia sobre el funcionamiento de nuestro cerebro, explica la importancia del pensamiento positivo y la atención consciente. Es decir, se trata de centrar nuestra energía en aquello que queremos y no en aquello que queremos evitar. Explica también que ante cualquier estímulo se pone en marcha nuestra curiosidad y con ella se despierta nuestro interés, y es entonces cuando aparece el juego.

**Jugar nos permite vivir la experiencia de manera placentera y en esa experiencia de juego, en la que hemos puesto interés porque un estímulo ha disparado nuestra curiosidad, es donde se produce el aprendizaje y se activa la memoria, traduciéndose todo ello en adquisición de conocimiento. Es inspiradora la idea de que desde que nacemos tene-**

**mos una predisposición innata a experimentar a través del juego por el placer que nos supone y también la comprobación de que no existe predisposición innata a experimentar a través del dolor, sino que en todo caso nuestra naturaleza tiende a evitarlo. Hoy la neurociencia no deja lugar a dudas: la letra con sangre no entra, más bien mata.**

La neurociencia también nos explica que, al jugar, el ambiente se vuelve un estímulo, se genera **vínculo**, comunicación, se facilita la risa, el optimismo, se establece un **clima de libertad** y **confianza** que nos anima a expresarnos y a mostrarnos tal como somos. Sin duda, un clima perfecto para que se produzca el aprendizaje. Pero hay más: el juego actúa asimismo como **reductor del estrés**, algo tanto más frecuente en la escuela cuanto más edad tiene el alumnado. Este poder del juego se debe, en gran parte, a que al jugar ponemos nuestra atención en aquello que queremos, orientándola positivamente, y dejamos a un lado nuestras preocupaciones y malestares. Cuando nos colocamos en «modo juego», nuestro cerebro genera una gran cantidad de sustancias beneficiosas: endorfinas (savia de la felicidad), dopamina (savia de la motivación), serotonina (savia de la regulación emocional) y oxitocina (savia de la confianza y la proximidad), a la vez que se reducen las hormonas del estrés.[30] Parece ser que el cerebro nos dice claramente que jugar es la forma natural de aprendizaje a lo largo de la vida.

Te presento ahora a **Stuart Brown**,[31] quien a raíz de sus investigaciones y su experiencia llega a afirmar que «lo opuesto al juego no es el trabajo, es la depresión». Brown y Casafont, cada uno con su propio lenguaje, hablan el mismo idioma. Siguiendo con este sentido trascendente de la acción de jugar, Brown nos dice: «Si no jugamos, nuestro comportamiento comienza a cristalizarse. Las cosas nuevas y distintas dejan de llamarnos la atención. Tenemos menos oportunidades de interesarnos por el mundo que nos rodea. Si renunciamos al juego, nuestro desarrollo se detiene y la ley de la entropía se desencadena. Cuando dejamos de jugar, empezamos a morir».[32] Yo no quiero morir en vida, así que cada día me pregunto: ¿he jugado con mis hijos?, ¿he jugado con las personas de mi equipo?, ¿he jugado con mi pareja?, ¿hoy, he jugado en algún momento?, ¿a qué o con qué o cómo he jugado? Y procuro que la respuesta sea que sí he jugado y me felicito si incorporo nuevas maneras de jugar. ¿Y tú? ¿Juegas? ¿Tu escuela juega?

Si te animas, apunta aquí: ¿a qué he jugado hoy?, ¿con quien? Piensa... ¿Has retado a alguien a una carrera? ¿Te has inventado una palabra? ¿Has hecho muecas en el espejo del ascensor? Recuerda que ¡no necesitamos objetos para jugar!

..................................................................................................

..................................................................................................

..................................................................................................

# ACTITUD LÚDICA

tiene trece letras; pinta muchas o pocas, como si de un termómetro se tratara, según lo lúdico que haya sido tu día.

Sigo con **Jane McGonigal**, una investigadora y diseñadora de juegos que tiene claro que si las personas jugaran más a juegos en línea (ARG o juegos de realidad alternativa y MMORPG o videojuegos de rol multijugador masivos jugados por internet), el mundo sería mejor.[33] Defiende esta nueva variante de juegos (de los cuales hablaremos más adelante) ya que cree que la inteligencia colectiva que se desarrolla jugando está subestimada, pues podría ser utilizada como un medio para solucionar muchos de los problemas que afrontamos hoy en día como sociedad habitante de este planeta, ya sea el cambio climático, el hambre o los conflictos políticos internacionales. Su objetivo es conseguir que las personas le dediquen las mismas horas de juego a salvar el mundo en la vida real (ya que actualmente hay jóvenes que han dedicado más horas a juegos en línea que a su propia asistencia a clase sumando los cuatro cursos de la Educación Secundaria Obligatoria). McGonigal, en su doctorado,[34] explica por qué somos mejores en los juegos que en la vida real.

**Y es sencillo: mientras en un juego siempre reanudamos la partida para volver a intentar ganar, en nuestra realidad tiramos la toalla sin darnos siquiera una segunda oportunidad. McGonigal cree que la solución clave se materializa en forma de motivación.**

Y no podemos terminar sin antes hablar de **James Paul Gee**.[35] Déjame que te explique cómo este autor entra en contacto con el mundo del juego, pues antes se dedicaba únicamente a la investigación de la psico y la sociolingüística. Un día coge la baja por ciertos problemas médicos y decide pasar más rato con su nieto pequeño. Y es observando el juego del niño como descubre el poder del juego. Gee tiene muy claro que un juego no es más que **un conjunto de problemas por resolver**, pues sin querer los jugadores se ven obligados muy a menudo a explorar, a tomar riesgos, a representar roles y crear estrategias si quieren ganar una partida.

También interesado en el ámbito electrónico, el autor sostiene que los buenos videojuegos pueden ser una muy buena herramienta educativa, ya que están diseñados para mejorar el aprendizaje a través de principios didácticos efectivos respaldados por investigaciones realizadas en el campo de las ciencias de la educación.

**Destaca los videojuegos, colocándolos en el eje central de una teoría general del aprendizaje y la alfabetización, y muestra cómo pueden ayudarnos a imaginar una reforma en las escuelas, pues, siguiendo su planteamiento, ¿os imagináis que en lugar de ver la escuela como la conocemos hoy, la viéramos como nuestros hijos han soñado alguna vez que podría ser, como un suculento y enorme videojuego?**

Llegados al siglo XXI me atrevería a decir que nunca como ahora habíamos escuchado y leído tantas veces la palabra «juego». Nuestra sociedad actual pasa, pues, de concebir el juego como algo inútil, banal, frívolo, como una pérdida de tiempo que debemos evitar, censurar o prohibir, a presentarlo y proponerlo como algo útil, positivo y beneficioso. Aquello que algunos difundíamos, defendíamos y practicábamos, hoy está en boca de todos. El juego es considerado como una oportunidad no sólo educativa sino también de comunicación, sensibilización e influencia, por sectores tan dispares como la empresa, la salud, la política y, por supuesto, poco a poco, también la educación. El puente entre juego y aprendizaje se va consolidando gracias a las teorías cognitivas y socioculturales, a la experiencia adquirida y, además, gracias a las aportaciones de la neurociencia, que va convirtiendo intuiciones en evidencias.

En todo ello ha desempeñado también un papel muy importante la aparición a finales del siglo xx[36] de los videojuegos y de todos aquellos juegos que se desarrollan a través de una pantalla. Su impacto, debido a su gran poder de atracción, está siendo tal que el debate está servido, y seguro que ya tienes más de una opinión sobre el asunto. De hecho, aparecen continuamente numerosos estudios a favor y en contra de su uso y, por supuesto, de su abuso a lo largo de la infancia y la adolescencia.

Frente a las voces de alarma aparecen también propuestas inspiradoras y alternativas como las de McGonigal, Gee y otros muchos.

 **Es decir, cómo conocer más y mejor ese poder de atracción y utilizarlo en favor de la educación de los niños y niñas, en vez de sólo luchar en su contra.**

Ya puedes imaginar que me apunto a esta manera de enfocar estos juegos. Eso no quiere decir que crea que todos valgan y que sean adecuados en todas las edades. Por supuesto que no. Soy muy crítica con los videojuegos o las aplicaciones móviles para las primeras edades. Creo que hasta los tres años restan más que suman y, por lo tanto, podemos ahorrárnoslos, sin ningún prejuicio. Por lo demás, al igual que en la literatura, hay juegos buenos, no tan buenos y directamente malos; los hay adecuados a una edad y poco aconsejables a otras, etc. En todo caso, el tema daría para una nueva publicación, así que te propongo volver a la cola del ratón.

Y ésta nos lleva hasta uno de los conceptos más de moda en la actualidad: **la gamificación**. ¿Has oído hablar de ella? Posiblemente sí, y posiblemente con definiciones y afirmaciones no siempre muy clarificadoras. ¿Acierto?

Voy a tratar de arrojar un poco de luz. «Gamificación» proviene del término anglosajón *gamification*, que nace de la raíz *games*, es decir «juegos». Siguiendo esta raíz etimológica, parecería que la traducción más fácil debería ser *jueguización* o incluso *juguetización*, términos que como vemos no han hecho fortuna. De hecho, las palabras derivadas de juego se forman a partir de la raíz latina *ludus*. De aquí la apuesta de algunos, siguiendo los consejos lingüísticos de la Fundéu,[37] por el término **«ludificación»**, que además, a mi modo de ver, al partir de la palabra «juego», trasciende los propios «juegos» y nos remite a la acción de jugar, lo cual le da al concepto mayor apertura y potencia. Pero la realidad es más tozuda que la etimología y la palabra *gamificación*, aunque no suene demasiado bien y lleve a más de un equívoco, es la que se impone en las conversaciones, artículos y debates.

El origen del propio concepto de gamificación tiene lugar en 1980, cuando **Richard Bartle**[38] crea el primer juego multijugador masivo *online* (MUD), que se desarrollaría en 2010. De hecho, lo que buscaba era concebir una plataforma de colaboración «como si de un juego se tratara». Precisamente la fórmula que utilizó Bartle resultará clave para activar la participación y el compromiso de los participantes.

En esta historia, **Thomas W. Malone**[39] y **James Paul Gee**, a quien ya conocemos, también fueron pioneros. La capacidad de atracción de los videojuegos no les pasó inadvertida y ambos profundizaron en sus posibilidades desde el punto de vista de la formación, la información y la comunicación. En el año 2002 se crea la Serious Games Initiative[40] para fomentar la investigación y el desarrollo de juegos relacionados con el ámbito político y de gestión. Y como la chispa ya había prendido, pronto aparecieron numerosos proyectos que pretendían introducir en los juegos un objetivo formal ajeno al juego en sí mismo para facilitar el aprendizaje o fijar una información. El interés por los juegos se extendió así a la publicidad, la información, la salud y la educación, y a raíz de ello surgieron grupos como Games for Change[41] o Games for Health.[42]

En cuanto al término, la primera vez que se utiliza la palabra «*gamification*» es en 2003, cuando **Nick Pelling**[43] funda la consultora Conundra, que propone precisamente utilizar las mecánicas de juego como recurso para vender productos de consumo. De ahí su relación con el mundo del márketing y los prejuicios que a menudo levanta en el ámbito educativo.

**Seguro que has observado también que, en su origen, la idea de gamificación aparece íntimamente relacionada con el desarrollo y las posibilidades de la tecnología y con la atención puesta en el atractivo de los videojuegos que nos mantienen atrapados delante de una pantalla. Dos miradas, tecnología y videojuegos, que, como el consumo, no siempre se han llevado bien con la educación. Pero sigamos.**

En el año 2005, BunchBall[44] crea una de las primeras plataformas de gamificación, a la que no tardan en añadirse otras como Badgeville, Bigdoor o Gigya. Pero es en 2010 cuando la gamificación recibe su espaldarazo definitivo gracias a autores como **Jesse Schell**,[45] cuyo discurso señala que **la motivación del juego radica en su capacidad de proporcionarnos una experiencia vital más satisfactoria y auténtica**. Y de ahí que no todo aquello que acumule puntos sea juego. A esa línea se sumaron entre otras Jane McGonigal,[46] quien habla del **juego como una oportunidad para transformar una realidad que ya no nos interesa o no nos satisface** y de su posicionamiento respecto a la medición de la experiencia y la adaptación a entornos de márketing, respectivamente.

Pero ¿qué se entiende por «gamificar»? Así nos lo cuenta Christopher Cunningham:[47] «En 2007 estaba trabajando con Gabe Zichermann[48] en nuestro proyecto. Nos habíamos propuesto crear una aplicación que fuera de ayuda en la evaluación de fotos (nuestras y de nuestros amigos). La cuestión era cómo implicar a las personas para que vieran miles de fotos. En algún momento empecé a describir un nuevo modelo de participación de usuarios y Gabe me dijo: "¿Sabes que acabas de describir una mecánica de juego?"».

**Zichermann la define como el proceso por el cual se aplica el pensamiento y las mecánicas de los juegos a contextos no lúdicos con el objetivo de involucrar a los usuarios, lograr cambios de comportamiento y resolver problemas. Es decir, se trata de aprovechar aquellos elementos que hacen de la actividad lúdica algo deseable y atractivo y utilizarlos con un objetivo. Sin duda, una idea sencilla y a la vez muy potente.**

Para algunos, esos planteamientos y mecánicas de los juegos se resumen en tres tipos básicos de incentivos: sumar puntos, obtener medallas y situarnos en los primeros puestos de un *ranking*. Incentivos que se aplican sobre todo al premio de comportamientos y resultados y que conllevan en sí mismos competición. Es evidente que puntos, medallas y *rankings* pueden resultar motivadores, pero ¿son sólo esos tres los elementos motivadores de un juego? ¿Son los más acertados si pensamos en educación? A mi entender, ¡por supuesto que no!

Con esta reflexión quisiera contribuir a abrir el foco de lo lúdico y preservar el juego y los juegos de su mercantilización para propiciar y estimular un verdadero desarrollo de la capacidad lúdica de las personas y las organizaciones. Estoy convencida de que con «el juego» convertimos las experiencias en significativas, poniendo en marcha procesos complejos de motivación y automotivación, estímulo, confianza en uno mismo y en los demás, comunicación, vínculo, esfuerzo, superación de retos, cooperación, imaginación, creatividad, adquisición de estrategias y toma de decisiones, y muchas cosas más que contribuyen al desarrollo personal y social.

**¿Vamos a perder esta oportunidad relegando el juego a pura mecánica? Si entiendes el juego y los juegos sólo como la utilización de técnicas que han de aplicarse en función de unos objetivos, lo más probable es que pierdas la magia del juego y, con ella, una de las fuentes de supervivencia y progreso más importantes. Si te adentras en profundidad en el cómo y el porqué de los procesos lúdicos y los aplicas al propio desarrollo de la capacidad lúdica, el reto de la gamificación se convierte en algo potente y poderoso, además de en un magnífico aliado para el progreso de nuestra sociedad, que te permitirá multiplicar y trascender tus propios objetivos. Por eso la primera puerta que hemos atravesado es la de la actitud lúdica, para no perder el componente más preciado de los juegos.**

Para los que nos dedicamos desde hace años al mundo de la comunicación y la educación a través del juego, este nuevo escenario ha supuesto un gran revulsivo que ha ocupado y ocupa muchos de nuestros debates en las salas de reuniones y también en las horas del almuerzo.

A fin de profundizar más y de exponer bien el concepto de gamificación, te propongo una definición diferente, construida a partir de mi experiencia y aplicación en el aprendizaje. Aquí la tienes:

**La gamificación es, a la vez, una estrategia, un método y una técnica. Parte del conocimiento de los elementos que hacen atractivos a los juegos e identifica, dentro de una actividad, tarea o mensaje determinado, en un entorno de NO-JUEGO, aquellos aspectos susceptibles de ser convertidos en juego. Todo ello para conseguir el compromiso de los estudiantes, incentivar un comportamiento y promover un aprendizaje. Es decir, creando siempre una experiencia significativa y motivadora (Marín y Hierro, 2013).[49]**

**Vamos ahora a analizar la definición como si fueran piezas de un puzle. Vuelve a leerla, pues creo que el ratón se ha llevado algunas de las palabras clave y te va a tocar recordarlas y escribirlas de nuevo.**

En primer lugar, cuando digo **que la gamificación es, a la vez**, una _____, **un método y una técnica** me refiero a que no se trata simplemente de repartir puntos y medallas y organizar *rankings*, a modo de un campeonato o competición. Esto puede resultar divertido para algunas y frívolo para otras, pero en absoluto garantiza el éxito, y menos aún a medio o largo plazo. Así, dos elementos clave para que la gamificación funcione son un método y, sobre todo, que forme parte de una estrategia coherente, contextualizada y honesta.

**Parte del conocimiento de los elementos que hacen** _____ **a los juegos**. Se trata de los componentes, mecánicas y dinámicas que consiguen orientarnos hacia la acción, de manera que estamos dispuestas a esforzarnos, concentrarnos, superarnos o comunicarnos para conseguir el objetivo que el juego nos propone.

**Identifica**, dentro de una actividad, tarea o mensaje, **en un entorno de NO-JUEGO, aquellos aspectos susceptibles de ser convertidos en juego**. He aquí una de las claves de la gamificación. No es diseñar un juego, es convertir en juego lo que antes no lo era: compartir el conocimiento, certificar nuestras experiencias culturales, participar en un debate, llegar puntual, repetir una acción hasta convertirla en hábito o hacer los deberes, si hablamos de educación. Identificar correctamente qué partes de estos procesos tienen el perfil lúdico adecuado para introducir elementos de juego es otra de las grandes claves del éxito.

**Todo ello para conseguir el** _____ **de los estudiantes, incentivar un comportamiento y promover un aprendizaje**. En la mente del diseñador de juegos, la misión principal es hacer actuar al jugador, implicarlo en la historia, impulsarlo a la acción. Para ello hay que conocer a los posibles jugadores, de forma que lo que tengas que ofrecer les interese realmente y suponga algo distinto y relevante para ellos. Se necesita también fijar el objetivo de aprendizaje, de lo que queremos conseguir para poder medir hasta qué punto lo estamos consiguiendo.

**Creando siempre una experiencia significativa y** _____. Propiciando momentos únicos, intensos y significativos para los participantes. El reto debe tener sentido para ellos, el problema por resolver debe resultar motivador. Queremos conseguir que se sorprendan, compartan, interactúen, experimenten y no olviden. Consiguiendo que se esfuercen, se superen y consigan la meta propuesta.

**Queda claro que desde mi punto de vista, más allá de «lo práctico» y de la simple utilización de «incentivos», el juego y los juegos contienen en sí mismos un gran potencial de beneficios para las personas y las organizaciones. Recuperar «el juego», es decir, la capacidad lúdica del ser humano, es a mi entender un reto interesantísimo, por la posibilidad de crecimiento y desarrollo de la persona y de las organizaciones en general. Porque la potencialidad del juego transforma a las personas, por supuesto, pero también a las comunidades.**

Pero ¿qué novedades trae la gamificación en el contexto educativo?[50] Porque ya hemos visto que juego y educación tienen ¡una larga historia común! Básicamente, lo nuevo son dos aspectos y una coletilla. El primero es que la gamificación identifica y pone de relieve las diversas mecánicas y dinámicas que hacen atractivos los juegos y propone **utilizarlas de manera independiente y sistemática**, sin que tengan que conformar en sí mismas un juego. El segundo hace referencia a la utilización de los medios digitales, aspecto que ha favorecido su difusión, así como la **medición de sus resultados e impacto**. Por último, la «coletilla», que no es otra que la de facilitar **la entrada del juego en entornos de no-juego**, pero sobre todo en entornos en donde el juego no siempre ha sido bien recibido o valorado, como son la empresa o la educación.

**Llegados al siglo XXI, con lo que ya sabemos y la experiencia adquirida colectivamente, sería una pena y un grave error encerrar el juego en la caja de la gamificación o tratar el juego simplemente como una herramienta que nos resulta útil para conseguir los resultados propuestos. Porque la utilización indiscriminada de incentivos en forma de juegos puede llegar a matar el propio juego, al igual que puede hacerlo la obligatoriedad o el poner los resultados por delante del proceso. En cambio, la potenciación del juego como disparador de la motivación, de las ganas de hacer, sentir, soñar, imaginar, conquistar, es más que una herramienta: es sobre todo una actitud y una estrategia de transformación y aprendizaje por las que vale la pena apostar.**

**He aquí lo realmente nuevo: poner el juego en el corazón del proceso de aprendizaje.**

Ya ves que la cola de ratón es larga y que, aunque te he dicho que la finalidad del juego es el propio juego, es decir, que jugamos por el puro placer de jugar, también la historia nos muestra —y nuestro cerebro nos demuestra— la relación intrínseca entre juego y aprendizaje en el sentido más amplio y ambicioso del término.

**?** **Entonces, si sabemos que lo sabemos, ¿por qué nos cuesta tanto apostar por el poder transformador del juego en la educación? Ideas que hoy nos parecen innovadoras tienen su origen siglos atrás. ¿Qué nos diría hoy Maria Montessori o el mismísimo Platón sobre nuestras reticencias respecto a la introducción del juego en la escuela?**

Sin duda puedes atribuir tus reparos a los prejuicios que hayas marcado en el capítulo 0, y que, me apuesto lo que quieras, son comunes a buena parte de las personas que están leyendo este libro. Posiblemente ahora se te ocurra alguna otra creencia limitante que te está jugando una mala pasada. Apúntala y echa mano de las dos potentes herramientas que has conocido en la puerta 1: la herramienta de darte permisos y la de confiar. ¿Te sientes ahora más empoderada para arriesgarte? Recuerda que tienes el sustento y la experiencia de esta larga cola de prestigiosos antropólogos, psicólogos, pedagogos y neurólogos. Ellos te empujan y sostienen en tu camino. Y por si fuera poco, tu amigo el Sombrerero te acaba de dar el aire de «locúdica» que necesitas. ¡No estás sola!

Acabo la cola de ratón con una reflexión de Bruner que resume este largo recorrido y que nos orientará en la próxima puerta: «Jugar para el niño y para el adulto [...] es una manera de utilizar la mente; mejor todavía, una actitud sobre cómo utilizar la mente. Es un marco en el que poner a prueba las cosas, un invernadero en el que se combinan pensamiento, lenguaje y fantasía».[51]

**?** **Y entonces, ¿desde cuándo juego y aprendizaje van de la mano?**

Cuando sales te encuentras al ratón.
Te mira receloso y señala tu dado.

—¿Te fue útil? Te lo regalo si lanzas el dado y, en función del número que salga, recuerdas el mismo número de personajes que aparecen en este capítulo... por orden de aparición. ¿Aceptas el reto?

**Segunda puerta, ¡superada!**

**Notas**

1 _ Se llaman «muñecas maniquí» aquellas que no representan a un bebé, sino a una mujer. Ahora mismo la más famosa sigue siendo Barbie, pero ya las niñas romanas jugaban con sus propias muñecas maniquí.
2 _ F. Schiller (1759-1805) es un poeta, escritor, filósofo y profesor nacido en Alemania.
3 _ Esta cita la leí por primera vez en el monográfico sobre el juego publicado por *El Correo de la Unesco* en mayo de 1991.
4 _ Si te interesan los juegos y la historia te encantará la exquisita publicación *Jeux et jouets à travers les âges* de Catherine Breyer (Bruselas, Éditions Safran, 2010).
5 _ Mesoamérica está formada por parte de México, Costa Rica, Nicaragua, El Salvador y Guatemala.
6 _ Otros historiadores sitúan su origen en Egipto hacia el 1400 a. C.
7 _ También hay teorías que sostienen que los juegos de mancala se originaron en África y de allí pasaron a Egipto y Oriente Medio.
8 _ Aunque seis es el número habitual de agujeros por fila, éste puede variar desde tres o cuatro a treinta o más, jugándose estos últimos por equipos. También puede variar el número de hileras.
9 _ Encontrarás más información en el artículo de Raúl Ibáñez, profesor del departamento de Matemáticas de la Universidad del País Vasco, publicado en la revista digital *Cuaderno de Cultura Científica*, en 2014, con el título «Juegos del mundo: el mancala». La revista pertenece a la cátedra de Cultura Científica de la UPV.
10 _ Heródoto, historiador griego. Relata esta historia en su libro *Historia*, publicado en el año 440 a. C.
11 _ El reino de Lidia estaba situado en lo que hoy son las provincias turcas de Esmirna y Manisa.
12 _ Platón, en *Las leyes*, trata temas políticos y de organización social. El autor creía ya en el siglo v a. C. que la educación era la mejor herramienta para conseguir una Atenas perfecta.
13 _ Encontrarás más información en la publicación *Historias de la infancia: itinerarios educativos*, de Aurora Gutiérrez Gutiérrez y Paloma Pernil Alarcón (Madrid, Cuadernos de la UNED, 2013).
14 _ Fragmento de la obra *Política*, del libro VII, capítulo 15.
15 _ Calahorra es una población de La Rioja, España.
16 _ Es en el primero y el segundo de los doce libros que conforman su *Institutio oratoria*

(c. 95 d. C.) donde Quintiliano escribe sobre la educación elemental y los métodos para la formación básica en el campo de la retórica.

17 _ Se presenta en 98 páginas y 150 magníficas ilustraciones a todo color. El único original que se conoce se encuentra en el monasterio de El Escorial (Madrid).

18 _ El alquerque es un juego con tres versiones distintas: alquerque de tres, de nueve y de doce. El alquerque de doce es el que da lugar a lo que conocemos como juego de damas.

19 _ Los juegos de tablas son juegos de mesa en los que se usan piezas redondas o *tabulae*, de ahí su nombre.

20 _ Juego de mesa para dos jugadores que combina elementos de azar con otros de gran interés estratégico.

21 _ Es especialmente recomendable la edición del *Libro de los juegos* de Raúl Orellana realizada por la Biblioteca Castro, en el seno de la Fundación José Antonio de Castro, y publicada en Madrid en el año 2009.

22 _ Pieter Brueghel (1525-1569) fue un pintor flamenco. Igual lo conoces como Brueghel el Viejo. Le gustaba pintar paisajes y escenas de la vida cotidiana, cargadas de pequeños y sutiles detalles, como los que se observan en su obra *Juegos de niños*. Puedes ver el original en el Museo de Arte de Viena.

23 _ Jean-Jacques Rousseau (1712-1778), filósofo suizo. Uno de los grandes pensadores de la Ilustración.

24 _ *Emilio o de la educación* (1762) se considera la obra referencial de Rousseau. Es un tratado sobre la educación o, como prefiere decir el autor, «el arte de formar a las personas».

25 _ Gaspar Melchor de Jovellanos fue un político, poeta, crítico de arte y literatura y teórico de la educación asturiano, concretamente nacido en Gijón. Escribió más de diez obras de carácter pedagógico.

26 _ Friedrich Fröebel, pedagogo alemán y creador de los jardines de infancia, los *Kindergarten*.

27 _ Maria Montessori, pedagoga, científica y médica psiquiatra. De origen italiano pero buena conocedora de nuestro país, al que viajó muchas veces, aquí asesoró a diversas escuelas e impartió formación a maestros y maestras.

28 _ En la gran obra de Montessori, *Il metodo della pedagogia scientifica applicato all'educazione infantile nelle case dei bambini*, publicada en 1909 y traducida poco después a diversas lenguas, incluida la castellana, podemos conocer a fondo su pensamiento educativo, tan vigente hoy en día.

29 _ Rosa Casafont, licenciada en Medicina y Cirugía y máster en Neurociencias y Salud Laboral. Autora de *Viaje a tu cerebro* (2012) y *Viaje a tu cerebro emocional* (2014) y coautora de *Educarnos para educar*. Una vez la conoces y escuchas sus explicaciones, ¡no puedes dejar de leerla y de seguirla!

30 _ Encontrarás más información en su libro *Viaje a tu cerebro emocional* (2014), específicamente el capítulo dedicado al juego.

31 _ Stuart Brown es médico psiquiatra e investigador clínico, amén de presidente del Instituto Nacional para el Juego de los Estados Unidos. En internet puedes ver una charla TED suya con subtítulos en castellano que te resultará inspiradora.

32 _ Fragmento del libro *¡A jugar!: la forma mas efectiva de desarrollar el cerebro, enriquecer la imaginación y alegrar el alma*, escrito por Stuart Brown y publicado en 2010 en Barcelona por la editorial Urano.

33 _ Así lo explica en su muy recomendable charla TED titulada *Los juegos online pueden crear un mundo mejor* (2010). La encontrarás subtitulada en castellano. Además puedes leer su libro *Reality is broken* (2011), donde profundiza más sobre el tema.

34 _ En la Universidad de California (Berkeley).

35 _ James Paul Gee es autor de libros tan emblemáticos como el titulado *What video games have to teach us about learning and literacy* (2003), *Good video games and good learning: Collected essays* (2007) o el traducido al castellano *Lo que nos enseñan los videojuegos sobre el aprendizaje y el analfabetismo* (Archidona, Aljibe, colección Aulae, 2004).

36 _ Los videojuegos comienzan a surgir en la década de 1970 y su desarrollo ha seguido imparable hasta nuestros días. Hoy, la industria del videojuego es el sector cultural que más recauda en España (superando al de la música y el cine juntos) desde el año 2015, llegando a cifras superlativas (1 163 millones de euros).

37 _ La Fundéu o Fundación del Español Urgente es una organización sin ánimo de lucro que nace en 2005 con el objetivo de impulsar el buen uso del español en los medios de comunicación.

38 _ R. Bartle, doctor en Inteligencia artificial por la Universidad de Essex, es profesor universitario e investigador de juegos. Es conocido sobre todo por el estudio que concluye clasificando los jugadores en cuatro tipos distintos. Hablaremos de ello más adelante.

39 _ T. W. Malone es un profesor de la escuela de negocios del Instituto de Tecnología de Massachusetts (EE. UU.) que ha trabajado en el ámbito de los videojuegos y la motivación humana ya desde la década de 1980.

40 _ Fueron Ben Sawyer y David Rejecsk, a través del Centro Internacional Woodrow Wilson, quienes lanzaron este proyecto.

41 _ G4C o Games for Change es una organización sin ánimo de lucro que tiene el objetivo de difundir juegos digitales y *serious games* para el cambio social.

42 _ Games for Health es una organización sin ánimo de lucro que tiene como objetivo promover la salud y prevenir, diagnosticar o tratar enfermedades.

43 _ Nick Pelling es licenciado en Matemáticas y Filosofía (curiosa mezcla) por la Universidad de Manchester y aficionado a los videojuegos.

44 _ Bunchball es una empresa que nace en 2005 y que ofrece un software o «programa» gamificado (quizá así se entiende mejor) destinado a ayudar a las empresas a mejorar la lealtad de sus clientes y el compromiso *online* mediante la mecánica del juego.

45 _ Jesse Schell, *The art of game design: A book of lenses* (2008).

46 _ Seguro que disfrutarás escuchando la charla TED que Jane McGonigal impartió en 2012 con el título *El juego que puede darte diez años extra de vida*. En internet puedes encontrarla subtitulada en castellano.

47 _ Christopher Cunningham escribió junto con Gabe Zichermann el libro *Gamification by design: Implementing game mechanics in web and mobile apps* (2011).

48 _ Gabe Zichermann tiene una charla TED muy inspiradora titulada *Cómo los juegos hacen a los niños más inteligentes*.

49 _ Marín, Imma, y Esther Hierro, *Gamificación. El poder del juego en la gestión empresarial y la conexión con los clientes* (2013).

50 _ En la próxima puerta te adentrarás en la gamificación aplicada a entornos educativos por medio de diversos ejemplos.

51 _ Jerome Bruner, *Acción, pensamiento y lenguaje*, Madrid, Alianza, 1984.

# Diferencias reconciliables

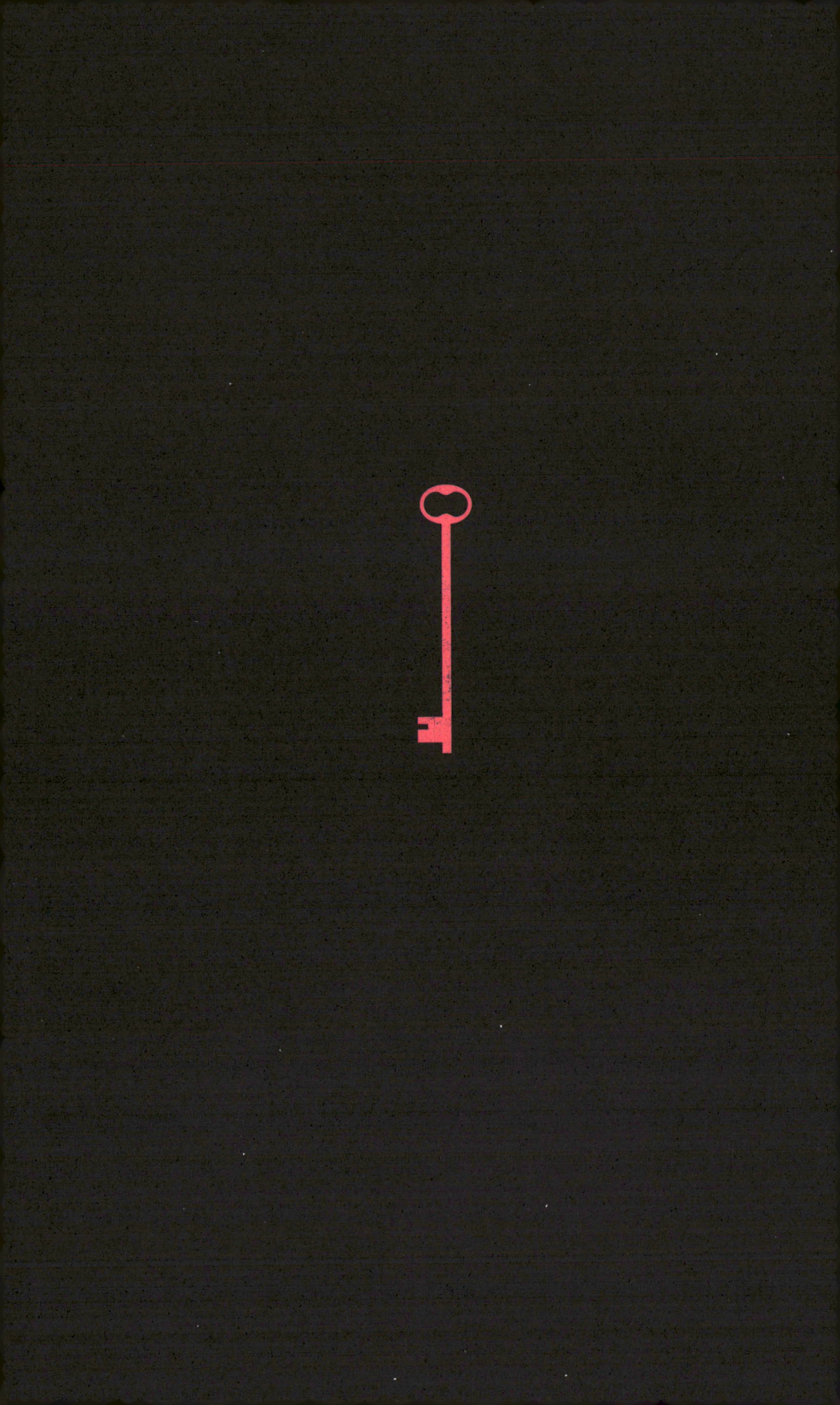

De nuevo en el vestíbulo, te das cuenta de que no hay rastro del Conejo Blanco. ¡Qué extraño! Pero todo es un poco extraño aquí. Repasas tu mochila y te aseguras de que en ella están el reloj, el sombrero y el dado. Respiras con alivio antes de dirigirte a la tercera puerta.

Oyes un carraspeo y ante ti aparece una oruga azul que te mira en silencio. Con una voz lánguida y soñolienta empieza a hablarte:

—¿Quién eres tú? ¿Qué es qué? ¿Quién soy yo? Yo soy una oruga. Y seré una mariposa. No pierdas la calma. Todo tiene su explicación. Cada cosa tiene su nombre. Y su momento. Aunque todo puede cambiar. Con el tiempo te acostumbrarás. ¿Ves estas imágenes? Todas soy yo. Escoge una. Tal vez ya sea otra cosa, pero seguro que te soy de utilidad.

Reflexionando sobre la actitud lúdica hemos visto que ésta es inherente al juego. Es decir, en todos los juegos (*games*) debe haber juego (*play*) y, sin embargo, en el jugar se engloban otras muchas acciones que no son propiamente juegos. Y hemos visto también que **la vida misma se puede vivir toda ella como un juego**, el juego más serio y apasionante en el que podemos participar, el más precioso de jugar. Nietzsche lo tenía claro y lo expresaba así: «La madurez del hombre es haber vuelto a encontrar la seriedad con que jugaba cuando era niño».[1]

También nos hemos introducido en el laberíntico recorrido de la historia del juego y la educación hasta que llega a asociarse a este nuevo concepto que llamamos «gamificación». Para ello, hemos tenido que diferenciar el juego entendido como actividad del juego en su sentido más profundo: en tanto actitud vital.

Resulta evidente, pues, que hay muchas maneras de jugar, y todavía más si incorporamos a la ecuación las distintas mecánicas, dinámicas y elementos propios de los juegos, para utilizarlas independientemente o con distintos objetivos. Pero voy a explicarme mejor.

Ya sabes a qué se refiere el concepto «gamificación» y seguro que habrás oído hablar recientemente de videojuegos aplicados a la educación, de *serious game*, de aprendizaje basado en juegos, dinámicas lúdicas, juegos de simulación...

**?** **¿En qué se diferencian? ¿Qué tienen en común? ¿Qué tienen que ver con los juegos? ¿Es lo mismo jugar que gamificar? ¿A qué necesidad responde cada uno de ellos?**

Voy a tratar de explicarlo con la tabla que verás a continuación. Imagina que estás ante una mesa de mezclas, un ecualizador. Tienes diversos «resortes» que mueves en función de lo que quieres conseguir. Esta tabla funciona un poco igual. Nada es absoluto, todo tiene niveles y puede ajustarse en función de los objetivos, el alumnado, los recursos, los indicadores y la base estratégica y metodológica que haya detrás.

Además, esta tabla-ecualizador tiene otra particularidad: actúa conforme al **principio de unidad** y el de **predominancia**. El de unidad implica que tenemos que dejar claro lo que significa cada cosa, aunque sea entre nosotras. Para que sepas de qué hablo cuando digo «punto lúdico» o a qué me refiero cuando hablo de dinámicas lúdicas.

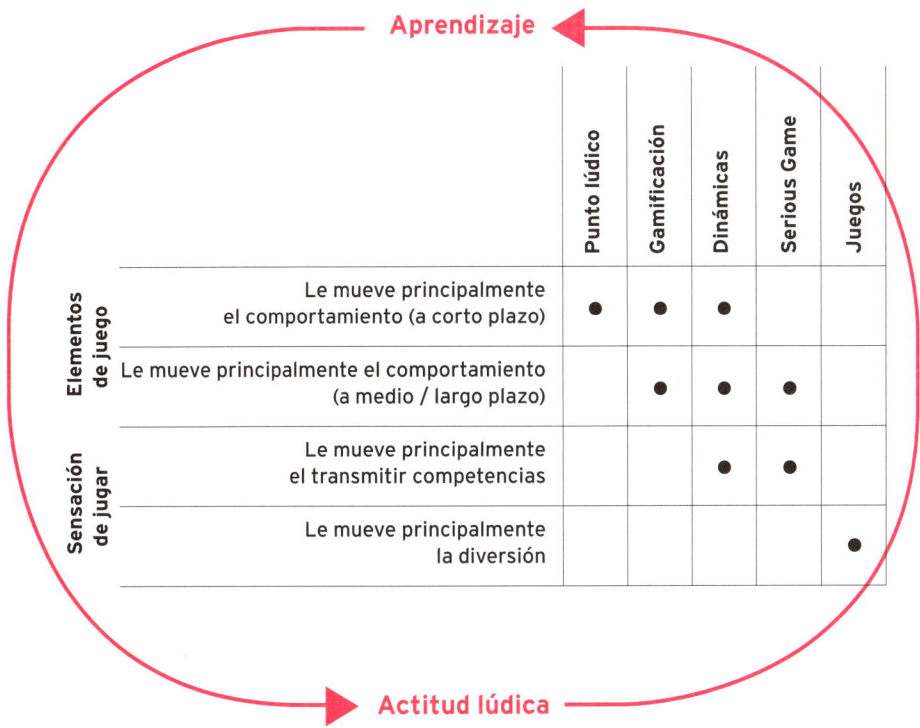

El principio de predominancia nos obliga a escoger, en un elenco de múltiples posibilidades, aquella que consideramos más relevante. La que se manifiesta de manera principal.

Digamos que hay distintos medios para aprovechar el poder del juego: punto lúdico, gamificación, dinámicas lúdicas, *serious games* y juegos. Y a éstos los dividimos en dos grandes grupos: aquellos que buscan **provocar la sensación de estar jugando** (dinámicas lúdicas, *serious games* y juegos) **y los que no lo necesitan o persiguen como fin primordial** (punto lúdico y gamificación). Y entre tantas posibilidades, hay algunas que, principalmente –recuerda el principio de predominancia–, están más indicadas para una cosa que para otra.

Con esta información y adoptando el «modo tabla-ecualizador» podrás mover los resortes para conseguir lo que deseas en función de tus objetivos. Y verás que en la mayoría de los casos no existe una sola manera de hacerlo. Por ejemplo, ¿qué podrías utilizar de forma efectiva si quieres promover un comportamiento a corto plazo?

Ahora que ya sabes cómo funciona, vamos a definir qué es cada cosa (y así, de paso, contentamos a la oruga).

## Punto lúdico

El juego está en el humor, la sorpresa, la belleza... Se refiere a **una acción que no constituye en sí misma un juego, que ni siquiera conjuga lógicas de juego diferentes**, pero que busca provocar una sonrisa, alimentar la curiosidad o crear expectativas, según cuál sea su objetivo. Seguro que en alguna ocasión, cuando una página de internet tardaba en descargarse te ha aparecido un pequeño robot moviéndose de manera divertida. Su misión era provocar tu sonrisa y distraerte mientras se cargaba la página para que no la abandonaras. Las estadísticas dicen que este simple «truco» de *ludicidad*[2] cumple muy bien con su misión: retenerte el tiempo necesario.

Si lo trasladamos a la educación podemos imaginar ese punto lúdico en el diseño de los espacios interiores de la escuela, al estilo del hospital de Sant Joan de Déu de Barcelona,[3] o en el sonido que nos anuncia el fin de las clases (sustituyendo al tradicional timbre del siglo xx). En el proyecto de la NEI (Nueva Etapa Intermedia) de Jesuïtes Educació de Cataluña, enmarcado en su proyecto de transformación educativa Horizonte 2020, muestran la evaluación de competencias del alumnado en forma de batería de móvil más o menos cargada, según el caso. He aquí otro ejemplo de punto lúdico.

Centrándonos en el aula también podemos encontrar ejemplos. ¿Qué tal entrar en clase con un salacot, una mochila y unas cuantas herramientas de arqueología? Puede crear una buena expectativa y motivación inicial para introducir un tema relacionado. ¿Y si al llegar al aula, los alumnos se la encuentran vacía? ¿O dispuesto el mobiliario de manera distinta a la habitual e incluso transgresora? Seguro que no les deja indiferentes. Llegar a clase y comenzar con un vídeo, así sin introducción, puede ser otra manera de captar la atención. Los primeros en hacerse preguntas serán los propios alumnos. La reflexión está servida. ¿Has probado a dar toda una clase sin palabras? Yo tuve esa experiencia el año pasado como alumna y me resultó impactante. Fue una clase de grafomotricidad con diferentes actividades para entrenar y tonificar el cuerpo, las manos y los dedos antes del propio trabajo de escritura. ¡Sin palabras!

## «Gamificación» o elementos de juego

Sigamos con la gamificación de la que ya hemos hablado anteriormente. Se trata de aquellas propuestas en las que **se utilizan elementos de juego que no conforman en sí mismos un juego**. Es decir, no se trata de hacer un juego, sino de mezclar aquellos elementos o principios propios de los juegos que los hacen atractivos. Me refiero a aspectos como la narrativa, la retroalimentación inmediata, la libertad de probar e incluso de equivocarse, el reconocimiento...

Déjame que te ponga un ejemplo que seguramente no asocias a la gamificación: ¿recuerdas la promoción de las compañías aéreas intercambiando millas por privilegios? Esos privilegios consistían en premios como el acceso a la zona VIP de los aeropuertos, el tener preferencia para viajar en *business* en caso de vacantes o, incluso, el intercambio de esas millas voladas por puntos y de esos puntos por nuevas millas para volar gratuitamente. Algunas compañías todavía los mantienen. Puede que te hayas aprovechado alguna vez de esta promoción, pues es una de las primeras acciones gamificadas que se explican. Nadie te invita a «jugar», pero se están utilizando algunas de las lógicas que hacen atractivos los juegos para fidelizarte como clienta. Al igual que un juego, pretende mantenerte en la partida y que quieras participar en una nueva ronda. ¿O eres de las que nunca has dicho: «Venga, ¿jugamos otra?».

Es verdad que a menudo se simplifican estos atractivos de los juegos y se acaban reduciendo a lo que en inglés se llama PBL, es decir Points, Badges and Leaderboards (puntos, medallas y *rankings*). Trasladado al mundo de la escuela, sería como continuar haciendo lo que hacíamos siempre, pero motivando al alumnado sobre la base de estos «incentivos» extrínsecos. Si te soy sincera, al reducir el atractivo de los juegos a estos tres aspectos, el resultado me parece de lo más perverso y anticuado. En realidad, el colegio de monjas en el que yo estudié a finales de la década de 1960 ya estaba gamificado. ¡Y no lo vivíamos como ninguna innovación, ni era para muchas motivación para la mejora y mucho menos un juego! Cada trimestre se repartían medallas para reconocer los «buenos comportamientos» de las alumnas. Esas medallas las llevábamos a casa y las lucíamos en el uniforme durante todo el trimestre. Luego las devolvíamos para que se las entregaran a otras niñas en el trimestre siguiente. Creo que a lo largo de toda mi escolaridad sólo conseguí una medalla. Las notas cumplían la función de los puntos, y, según la nota que obteníamos en cada asignatura, así nos sentábamos en clase; es decir, nos sentábamos según el lugar del *ranking* que ocupábamos. Como diría mi abuela: ¡mucha alforja para tan corto viaje!

En honor a la verdad, diré que la aplicación de este tipo de incentivos puede hacerse muchísimo mejor,[4] incluso acertadamente; pero también he de decirte que sería una pena reducir de esta manera el atractivo de los juegos. Me refiero a aspectos como la narrativa, el compartir «la partida» con otras personas, el reto épico de conseguir algo que nos trascienda, la sorpresa, el humor, el misterio…

Si buscamos ejemplos en el mundo de la educación podemos pensar en convertir un aprendizaje o conjunto de aprendizajes en un reto en donde cada alumna o grupo de alumnas tenga una misión y escoja su propio itinerario, visualice su progreso y se le reconozcan sus avances. Si no los conoces puedes buscar en la red **Class Dojo** (Sam Chaudhary y Liam Don, 2011) o **ClassCraft** (Shawn Young, 2013); son buenos ejemplos, y de carácter muy distinto, de lo que estamos hablando.

Ahora voy a contarte algo más de **ClassCraft**,[5] y empezaré por presentarte a su autor, un profesor de Física de secundaria afincado en Quebec. Allí también están preocupados por la desconexión de la educación que viven los alumnos día tras día. Así que Young y otros dos miembros de su familia se pusieron manos a la obra e idearon esta plataforma de gamificación educativa que permite dar forma de juego a toda una materia académica, sea cual sea. Éste es seguramente uno de sus méritos; su creador se basa en su propia experiencia en el aula e idea un sistema de elementos de juego apropiado para sus alumnas que se ha mostrado acertado en muchas otras escuelas del mundo. Se creó en 2014 y en estos tres años, según afirman en su plataforma, está siendo utilizado por más de veinte mil escuelas en todo el mundo. En España, David Medina,[6] profesor de Filosofía, ha contado su experiencia con alumnos de primero de bachillerato en el instituto Barcelona-Congrés de Barcelona.

ClassCraft se presenta en forma de juego de rol educativo, en donde profesores y alumnos intervienen juntos a lo largo de todo el curso. Se juega en equipos de cinco o seis alumnos. El juego pretende incentivar actitudes y comportamientos como el estudio, la entrega puntual de actividades, el trabajo colaborativo, la participación, la atención en el aula…

Se basa en una narrativa guerrera y fantástica donde los estudiantes se convierten en curanderos, magos o guerreros, y sus acciones se ven repercutidas en el juego (ya sea consiguiendo poderes o perdiendo puntos), al igual que el juego repercute en ellos y en el aula. Por supuesto, las personas docentes tampoco se escapan de las consecuencias del juego.

Comparto contigo el testimonio de una alumna sobre su vivencia: «Classcraft es relevante para los estudiantes porque los riesgos y las recompensas son reales. No se "pierde", pero cuando la barra de un personaje llega a cero o éste "cae en batalla", sufre una detención, es decir, ha de memorizar un poema, copiar un texto o quedarse sin recreo. Estas detenciones están recogidas en el "libro de las lamentaciones" y aparecen al azar, cuando el jugador penalizado presiona el "dado maldito". En Classcraft la participación es necesaria para sobrevivir. En clase, caer en batalla y tener que pulsar el dado maldito, ¡era algo terrible en época de exámenes!».[7]

La capa de gamificación está servida y actúa sobre el currículo escolar: narrativa, puntos, personajes, retos, penalizaciones… El aula queda transformada. Sólo hace falta conseguir que todo el alumnado entre en el juego o que se vaya contagiando poco a poco.

Sin embargo, conviene advertir que, a diferencia del ejemplo de las aerolíneas, en Classcraft sí que hay una invitación a «entrar en el juego», pues los alumnos firman el Pacto del Héroe cuando quieren empezar a jugar. No es un juego propiamente, pero a través de la narrativa, las dinámicas de juego se hacen explícitas, enriqueciendo y multiplicando los beneficios del juego en la educación. De hecho, la mayor parte de las propuestas de gamificación en el aula superan los límites de lo que se entiende habitualmente como gamificación, utilizando, entre otras cosas, las narrativas como metáforas. De esta manera los aprendizajes se presentan como retos, los deberes como misiones y las dificultades como desafíos. En todo caso, aunque la propuesta se presente en forma de juego, su resultado −es decir, sus consecuencias− se sitúa «fuera» del juego, incentivando o penalizando comportamientos reales en el aula, característica propia de cualquier propuesta gamificada.

Pero volviendo al ejemplo de la plataforma de Classcraft, ¿la base siempre es la tecnología?

**Por supuesto que no. De hecho, la mayor parte de las experiencias de gamificación en el aula son creaciones de profesores y profesoras que han elaborado sus propias propuestas como disparadores de la moti-**

**vación, impulsores de la repetición e incluso como medidas de evaluación, todas ellas con una buena dosis de imaginación, propósito, y, normalmente, con pocos recursos.**

Un buen ejemplo puede ser **Socratic Smackdown**, creado en el Institute of Play.[8] La propuesta pretende que sus participantes se adentren en el mundo de la retórica incentivando su capacidad de construir argumentos válidos sobre cualquier tema, texto o postura ideológica, de manera que sean capaces de preguntar y contestar sobre cuestiones profundas y de construir o refutar las ideas de otros. Se dirige a niños y niñas de entre seis y doce años. Se «juega» en grupos de cuatro a seis estudiantes que discuten textos y formulan preguntas o reflexiones. De esta manera, ganan puntos cuando hacen contribuciones constructivas en la discusión, y pierden puntos si tienen comportamientos irrespetuosos (como interrumpir a un compañero). Al final del juego los alumnos han aprendido a trabajar juntos como equipo y como clase, y a contribuir de manera significativa en una discusión.

Para ello utilizan un tablero en el que identifican previamente las estrategias de discusión y, aunque en éste no aparezcan, se fijan también los puntos asignados a cada una de ellas, de manera que los estudiantes ganan o pierden puntos según el caso. Por ejemplo: se obtiene un punto si se empieza el argumento con la fórmula «Estoy de acuerdo con… / Estoy en desacuerdo…». Y se obtienen cinco si se formula una pregunta que refute el argumento del «oponente». Los alumnos tendrán que preparar el discurso en grupo para defender su opinión o rebatirla en un tiempo determinado.

En este caso, los únicos recursos empleados han sido: un gran conocimiento sobre la materia, una buena dosis de creatividad, unos hitos claros y bien definidos, papel y lápiz.

En los dos ejemplos mencionados, el «juego» se presenta como una fina capa extendida por encima del currículo, que acoge los comportamientos deseados. Sin embargo, hasta el momento, ninguna de las dos formas de aplicar el diseño lúdico conforma por sí misma un juego. Eso sí, en ambas hay pensamiento lúdico y, aunque en una más que en la otra, las dos tienen una buena dosis de elementos de juego.

# Dinámicas lúdicas

Al llegar a este punto, cruzamos una frontera, ¿recuerdas? Hasta ahora no era absolutamente necesario provocar una sensación de juego. A partir de ahora, en muchos casos sí que se persigue. Algunas dinámicas se plantean como una metáfora de la realidad, otras «simplemente» incorporan elementos lúdicos a un proceso. En todo caso, su objetivo se encuentra siempre fuera del propio juego.

Vamos con los ejemplos, que, como las imágenes, valen más que mil palabras. Y justamente este primer ejemplo va de imágenes.

¿Conoces **Sikkhona**?[9] Yo soy fan. Y lo soy después de haberlo jugado en entornos muy diferentes (empresa, escuela, niños, tercera edad, familia...) y siempre con resultados sorprendentes y gratificantes. Según cuentan sus creadores,[10] *Sikkhona* significa «estoy aquí» y es la respuesta al saludo *Sawu-Bona*, que quiere decir «te veo». Sikkhona es, pues, la respuesta afirmativa a la invitación de comunicarse.

A través de una colección de 102 imágenes y una propuesta de más de veinte actividades, se impulsa a los distintos grupos (pareja, familia, empresa, equipo de maestros de una escuela, etc.) a transitar desde su primer estadio, es decir, cuando un grupo se conoce o aparece una persona nueva a la que integrar, hasta el último, donde se convierten en un grupo de alto rendimiento, consolidado y con un alto grado de confianza. Es pues un proceso en el que se pasa por diferentes dinámicas con diversos componentes lúdicos.

Sikkhona tiene una versión específica para la escuela, Sikkhona Edu,[11] en donde se apoya a la persona que ejerce la tutoría para que trabaje de manera significativa en contextos comunicativos que ocupan y preocupan a los docentes, pero que a su vez nos pueden dar mucho juego: romper el hielo, expresar sentimientos, armonizar diferencias, dejar ir, construir vínculos y descubrir talentos.

En este caso, el juego se basa en el poder de las imágenes (lenguaje visual) para expresar ideas, conceptos, opiniones y, sobre todo, emociones y sentimientos que resultan difíciles de expresar sólo mediante la palabra (lenguaje oral). Es decir, se trata de hablar desde y con el corazón, y con la mente abierta. Y lo hace a partir de distintas dinámicas que se crean siempre sobre las mismas imágenes, y que permiten abordar situaciones «respetando las reglas», creando emoción, valorando la sorpresa, facilitando el reto… Juego e imágenes se enriquecen mutuamente en esta propuesta, que al final acaba siendo tan seria como gratificante y liberadora. ¿Todavía dudas de que el juego sea un asunto muy serio?

En el segundo ejemplo que te propongo jugaremos con las metáforas y además pondremos el cuerpo. Jugar con una metáfora que en un principio no asocias con la realidad, te permite jugar de manera espontánea y natural. Y jugar con el cuerpo te permite sentir más allá del mero pensamiento en la cabeza.

Cuando sumamos la palabra «juego» a la palabra «cuerpo», en algunas personas y grupos, las prevenciones y los miedos se multiplican. La vergüenza es la más importante y se muestra con múltiples caras: sensación de ridículo, timidez, miedo a no «quedar» bien, a perder credibilidad; en definitiva, miedo a mostrarnos. Volvemos aquí a la necesidad de salir de la zona de confort que conocimos en la primera puerta.

Sin embargo, si logramos crear el clima de comunicación y confianza necesarios, este tipo de juegos resultan muy significativos porque nos ofrecen un aprendizaje basado en la vivencia, en donde la inteligencia práctica y la analítica se combinan durante y después del juego, y la emoción se hace muy intensa, de manera que el aprendizaje se significa.

Te pongo un ejemplo. Con la excusa de hacer grupos, propón a tu alumnado que se organicen en cuatro «botes salvavidas». Imaginemos que van a jugar 28 personas. En los botes salvavidas sólo caben siete personas. Con más se hundirán sin remisión. Por cierto, el mar está lleno de tiburones, por si alguien pretende salvarse a nado. Pero hay más condiciones. En el bote 1 sólo pueden subirse los que lleven zapatillas deportivas; en el bote 2, los que tengan tres o más hermanos, y en el bote 4, invéntate tú misma la regla que quieras. Y, por supuesto, hay un tiempo límite. ¿Conseguirá salvarse todo el grupo? Ése es el objetivo, que todos los viajeros lleguen sanos y salvos. ¡¡¡Tiempo!!!

Durante el tiempo previsto verás carreras, discusiones, liderazgo, ausencia de éste, búsqueda de soluciones, creatividad o ausencia de ella… Vas a ver de todo un poco, y cada vez que pongas en práctica el experimento, transcurrirá de una manera diferente, aunque todas van a darte mucho juego, ya que el aprendizaje se dará en la medida que el grupo y cada uno de sus individuos analicen, una vez finalizado el juego, todo lo que han vivido, sentido y aprendido. Y tú has de estar allí para guiarlos y sostenerlos.

En uno y otro caso, el poder del grupo es fundamental. Crear alianzas que faciliten la confianza, el respeto, el compromiso, el humor, va a ser fundamental; y mágicamente, cuanto más juegues, más se irá fortaleciendo esa alianza y, con ella, la influencia positiva del grupo.

## S*ERIOUS* G*AMES* Y JUEGOS DE SIMULACIÓN

Comienzo por decir que el término en sí mismo no me gusta demasiado. Para mí, ¡todos los juegos son serios! ¿O no ponemos cara muy seria cuando hemos de decidir qué carta lanzar o qué pieza mover? Y no digamos si es nuestro equipo el que va perdiendo. Cuando se habla de *serious games* se hace referencia a aquellos **juegos ideados para propiciar un aprendizaje, ya sea éste un contenido o un comportamiento**. Su objetivo principal no es divertir, eso es condición *sine qua non*, indispensable para que podamos llamarlo juego. Puede ser descrito como un juego con propósito, cuyo objetivo se centra en un resultado que está «fuera» del juego; es decir, se trata de favorecer un aprendizaje concreto, aquello que se considera «serio», y de ahí su nombre.

Cuando este tipo de juegos se dirigía exclusivamente a la infancia los llamábamos «juegos educativos», y así fue como se consiguió introducirlos en la escuela. Seguro que no te digo nada nuevo si te nombro títulos como «Dominó abecedario», «El tren de los números» o «Sumas y restas divertidas». Muchos de ellos nacieron bajo la influencia de la pedagogía Montessori y también muchos de ellos fueron olvidando algo que para Montessori estaba muy claro, y **es que un juego educativo ha de ser divertido; si no es así, más vale llamarlo ejercicio, material o actividad**. Es decir, muchos de ellos perdieron la esencia propia del juego por exceso de didactismo, y en muy pocas ocasiones se adentraron en el aprendizaje más allá del ámbito de la educación infantil o el ciclo inicial de la primaria.

Cuando se ha querido dejar claro que este tipo de juegos también podían ir dirigidos al aprendizaje de adultos y además hemos sumado los videojuegos, y sobre todo, cuando unos y otros (juegos de mesa y videojuegos) han sido utilizados por sectores tan «serios» como la defensa (en el caso de los primeros), la educación, la salud, la ciencia o la política, entre otros, los hemos bautizado como *serious games*.

Con el término «juegos de simulación» también debemos tener cuidado. A menudo se confunde con «simuladores». Los hay para simular la creación de una empresa, para la conducción de vehículos de riesgo, para entrenar a cirujanos o incluso para el adiestramiento militar. Se trata de simular una realidad y reproducirla de manera simplificada, pero que se acerque lo más posible a dicha experiencia. Eso nos permite ensayar e identificar las consecuencias de nuestras acciones o las de otra persona en un espacio de seguridad y relajación en donde el error no tiene consecuencias más allá del juego. Sin embargo, muchos de esos «simuladores», como su nombre indica, sólo simulan, sin que el juego aparezca por ninguna parte. Al hablar de juegos de simulación estamos ampliando la experiencia de la simulación a la experiencia de juego, lo que significa incorporar elementos lúdicos a la propuesta.[12]

Existen pues muchos ejemplos de *serious games* y de juegos de simulación en el mundo de la empresa, sobre todo en el ámbito de la salud relativo al manejo de maquinarias complejas o a la esterilización de materiales quirúrgicos, entre otros. También en temas de inteligencia emocional, liderazgo, comunicación interna, *project management,* valores o emprendeduría, por citar sólo algunos casos.

Como te decía, pueden tener formato de juego de mesa, como por ejemplo **Binnakle**,[13] diseñado para generar nuevas ideas y transformarlas en innovación para la empresa. Este *serious game* se basa en la metodología de una consultora especializada en creatividad. Con ellos trabajé, junto con el equipo de Marinva, durante todo un año hasta que convertimos su metodología creativa en un juego. Se pretendía que cualquier persona pudiera dinamizar la sesión de «trabajo» siguiendo las «instrucciones del juego». Es decir, asumiendo el papel de *master* como en un juego de rol y guiando a los participantes durante toda la partida. Tablero, fichas, personajes, cartas y, por supuesto, la propia narrativa guían a los jugadores durante su aventura, manteniendo su motivación y compromiso a lo largo de las cuatro etapas que dura el juego: exploración, divergencia, convergencia y presentación. También el azar, la competición y la cooperación desempeñan un papel importante.

El juego comienza con un «ideas para...», de manera que cada partida responde a un reto específico. El éxito en el juego radica en conseguir buenas ideas, originales y viables que respondan al reto propuesto.

La educación no se queda atrás, y así encontramos multitud de propuestas en todos los formatos y temas. Un buen ejemplo de *serious games* en formato digital es el juego de preguntas y respuestas **Enjogassa't**,[14] creado con el objetivo de favorecer el aprendizaje del valenciano entre personas adultas. Su narrativa aparece como una metáfora en donde los aprendizajes se encuentran en diferentes islas que el jugador debe explorar, superando las distintas misiones que se le encomienden. Las islas están presididas por una luna que comparte conocimiento (una especie de «comodín») con las diversas misiones individuales, base del juego. Pero también propone una misión colectiva, en la cual se premia la participación con más conocimientos y misiones extra para todos los implicados.

Esta parte colectiva funciona como un gran tractor, ya que permite a los jugadores sentirse miembros de una comunidad, con la cual se comprometen más allá del aprendizaje en sí mismo. El juego utiliza la fuerza del grupo para motivar la constancia.

Entre las propuestas «tradicionales» te propongo una nada tradicional y que a mí, particularmente, me tiene fascinada. Se trata del «juego de la paz mundial»,[15] creado por el educador **John Hunter**.[16] Si no lo conoces, échale un vistazo; seguro que te fascinará. El **World Peace Game** es un juego de simulación (política práctica) que pone en un tablero de 120 x 120 cm todos los problemas del mundo, para que los alumnos de cuarto de primaria que en él participan les den solución. El objetivo del juego es proteger los países de posibles conflictos y lograr la prosperidad global con la menor cantidad de intervención militar. Por espacio de ocho sesiones, el aula se convierte en el mundo y los alumnos asumen los roles de presidente y secretario de Estado, ministro de Defensa y de Economía, presidente del Banco Mundial, secretario general de la ONU, e incluso hay un saboteador secreto y una deidad del Tiempo. Y todos ellos intentan solucionar problemas que los adultos no siempre somos capaces de resolver.

Para Hunter, el sentido del juego (aquello por lo que queremos jugar) se construye a partir del caos que se genera, lo cual incentiva la **puesta en marcha de soluciones creativas**. Como él mismo dice: «Los jugadores aprenden a vivir y trabajar cómodamente en las fronteras de lo desconocido».[17] Y también aprenden de manera vivenciada a identificar, verbalizar e interiorizar aspectos esenciales de las habilidades sociales, la capacidad de comunicación y la inteligencia emocional, experimentando cómo se ponen en marcha decisiones que apuestan por la solución pacífica de los conflictos, la colaboración, el pensamiento global y crítico, la empatía, la escucha activa, la creatividad y otros muchos valores.

Cada año la Fundación World Peace Game organiza encuentros para dar a conocer el juego y formar a facilitadores que lleven el juego a las aulas. Actualmente, dos padres de la escuela Andra Mari de Getxo,[18] fascinados por esta propuesta, se han formado como facilitadores del juego y lo están difundiendo en el País Vasco, en donde ya hay varias experiencias exitosas, con la ilusión de darlo a conocer en el futuro en toda España.

Muchos *serious games*, como el que te acabo de explicar, se basan en la simulación de una realidad de la manera más fiel posible. Ello se debe a su propia intencionalidad educativa y a la facilidad de los juegos en **simplificar una realidad compleja**, identificando aquello que resulta esencial.

¿Te parece inspirador? Seguro que sí, pero, seguramente, también desconcertante y difícil. Y lo es, aunque no tanto. Poco a poco, iremos consolidando el país de los «qué» y nos adentraremos en el país de los «cómo», para llegar al País de las Maravillas y atravesar el espejo como Alicia.

## Los juegos

Vamos ahora a la última de las diversas maneras de llevar el juego al aula, es decir, a los juegos que conoces, los de «toda la vida». O aquellos más recientes que todavía no has descubierto, pero que puedes comprar en las tiendas o bajarte en la Play Store. Todos ellos han sido **creados con la única finalidad de divertir**. Me refiero tanto a juegos de mesa y construcciones como a videojuegos y aplicaciones móviles.

Vivimos una eclosión de los juegos de mesa, y no digamos de las aplicaciones móviles. Todos esos juegos nos entrenan en diferentes aspectos. Algunos se basan en conocimientos concretos como **Scrabble** o **Boggle** (vocabulario), **Story Cubs** (construir historias), **Time Line** (conocimientos históricos), juegos tipo **Trivial** (preguntas y respuestas sobre temas varios), **Rummikub** o **awalé** (cálculo), o todos los juegos matemáticos que se desprenden de los juegos de cartas. Pero en esta categoría se incluyen también todos aquellos juegos que se mueven a través de la lógica y la estrategia, como el clásico **ajedrez**, el **abalone** o el **backgammon**. Y aquellos a los que se le suma una narrativa como **Catan**, **Carcassonne** o **7 Wonders**, **Agrícola**. Juegos de deducción como **Código secreto**, en donde el vocabulario desempeña un gran papel, o como **Hombres lobo** (comunicación), o los más recientes tipo **Scape Room**, en donde se mezclan competencias de varios tipos, de manera que se pueda escapar a base de ingenio, lógica y colaboración. O aquellos que nos permiten conocernos mejor, como **Dixit**, o expresar sentimientos, como **Ikonikus**.[19]

Entre los juegos de construcción encontramos también propuestas muy interesantes, desde las tablillas de madera de **Kapla**, los mecanismos de **FischerTechnik**, las estructuras de **K'nex** y la amplia variedad de propuestas de **Lego** hasta la misma robótica, por poner algunos ejemplos.

Muchos de los juegos de mesa que te he mencionado tienen su propia versión digital, pero también hay algunos específicos y muy atractivos desde el punto de vista educativo como **2048** (cálculo y combinaciones), **Township** (estrategia), **Unblock me** y **Kami** (lógica), **Geometry Dash** y **Monument Valley** (orientación espacial), o **Angry Birds**, que permite explicar conceptos como el tiro parabólico. Hay algunos menos evidentes como **Clash of Clans**, que ya ha sido utilizado en las aulas con éxito por su gran componente estratégico.[20]

Todos estos juegos y muchísimos otros (tanto analógicos como digitales), aunque han sido creados para entretener y divertir, ofrecen una gran cantidad de beneficios y oportunidades educativas de notable interés para la escuela.

Veamos algunos:
- Podemos encontrar juegos para entrenar todas las competencias educativas identificadas en el currículo.
- El alumnado los disfruta, con lo que continúa jugando (y entrenando) por propia voluntad, no sólo fuera del aula (en los tiempos de patio, por ejemplo), sino también en casa con familiares o amigos del colegio.
- Las mecánicas de algunos de esos juegos son muy simples y fácilmente adaptables a nuestros intereses. Por ejemplo, un Trivial con las preguntas que consideres interesantes, una oca en la que cada casilla se convierta en una pregunta o en una misión, el juego de cartas de familias del mundo tuneado en forma de cartas de animales por ecosistemas, etc.
- El jugar con tu alumnado a juegos ya conocidos te dará seguridad y cultura de juego. Cuantos más juegos conozcas y más los hayas practicado, más fácil te será adaptar juegos y llegar a crear tus propias dinámicas de juego.

¿Te imaginas poder contar con una ludoteca de juegos de mesa, construcciones, videojuegos y aplicaciones que forme parte de la biblioteca escolar? O mejor aún, ¿una ludoteca en la misma aula? Eso es lo que han empezado a hacer ya algunas escuelas y es una buena manera de comenzar. ¿Te lo habías planteado alguna vez?

**Lista aquí juegos que conozcas y sepas jugar:**

**Si tu lista incluye el dominó, el parchís, el ajedrez o la oca, no los cuentes. Son comodines que todos conocemos. ¿Cuántos te salen? Si te ha faltado espacio y llegas a veinte, ¡ivas muy bien! Tienes cultura lúdica, ¡sigue sumando! Si te has quedado en diez, no está mal, pero tienes muchas oportunidades de mejora. Sigue jugando y ampliando tu repertorio. Si no has llegado a diez, decididamente, te animo a jugar más. Busca amigos o conocidos aficionados a los juegos e invítalos a jugar una partida. Acércate a alguna tienda especializada en juegos de mesa y pide que te orienten y te enseñen alguno. Empieza por juegos fáciles y cortos. Seguro que hay uno que lleva tu nombre. Y ya sabes: cultiva esta nueva afición. ¡Vale la pena!**

El simple hecho de jugar a uno de estos juegos ya supone un entrenamiento de conocimientos, capacidades y actitudes; pero al hacerlo en la escuela y conforme a unos objetivos concretos se les da una nueva significación. Me explico. Puedes jugar a estos juegos y proponer a tu alumnado que identifique qué comportamientos cree que se ponen en práctica al jugarlos, qué opinan sobre ellos, qué pasaría con ellos en la vida real, qué han observado, qué han descubierto... También puedes adaptarlos a tus intereses estableciendo conexiones con la materia de aprendizaje, la edad y conocimientos previos de los participantes y los objetivos que te plantees. Puedes tomarlos como base y proponer a tus estudiantes que los adapten a un contenido en concreto o que se inspiren para explicar algún concepto.

 **¿Se te ocurren más ideas para aprovechar sus beneficios? Pues apúntalas aquí mismo, ¡que no se te olviden!**

El uso continuado, y podríamos decir estratégico, de juegos en la educación es lo que se llama «aprendizaje basado en juegos», término que viene del inglés *game-based learning*.

En resumen, estos juegos que han sido creados con el único objetivo de entretener y divertir, brindan por sí mismos buenas oportunidades educativas. Y nos ofrecen la oportunidad de aprovecharlos como recurso educativo en la propia aula.

## Antes de continuar jugando...

Punto lúdico, elementos de juego, *serious games*, juegos de simulación, dinámicas lúdicas o los juegos en sí mismos son, en definitiva, distintos medios de llevar el poder del juego a la educación. Recuérdalos, van a formar parte de tu camino... ¡Hablaremos de ello más tarde!

¿Y qué hemos visto en nuestra tabla-ecualizador? Pues cuáles de ellos promueven sobre todo la sensación de estar jugando y cuáles no lo hacen. Cuáles son más idóneos para cambiar comportamientos y cuáles son más adecuados para trabajar a nivel competencial.

 **Eso sí, no lo dudes: el pensamiento lúdico que subyace en todas y cada una de esas propuestas requiere en primer lugar y ante todo de actitud lúdica. Y es esa actitud la que, a mi entender, puede y debe formar parte de la cultura educativa. Precisamente, es a eso a lo que me refiero cuando hablo de aprender jugando o jugar aprendiendo.**

Se trata de escoger, dependiendo de la situación, el grupo y el objetivo que te plantees, la mejor opción. Es cierto que no todo vale para todo y que, con un martillo en la mano, todo lo que ves son clavos. Así que has de tener a punto tu sentido común y tu espíritu crítico gracias a esa mirada hacia el aprendizaje y el propósito que va más allá del propio placer de jugar.

## Gamificar es lo mismo que jugar

 **Llegados aquí, debo confesarte que en el mundo de la educación a menudo se confunde la gamificación con cualquiera de las diferentes maneras de llevar el juego al aula, sin que importe mucho en qué cajón las**

**colocamos. A veces se utiliza el término como una manera de indicar propuestas en las que está presente lo lúdico en cualquiera de sus formas. De hecho, para mí tampoco tiene mucha importancia, siempre y cuando sepamos qué estamos proponiendo, por qué, para qué y cómo.**

Aun entendiendo la gamificación como cualquiera de las formas de introducir el juego en el aula, hay dos diferencias básicas e importantes respecto al juego que debemos tener en cuenta.

Al atravesar la puerta 1 de la mano del Sombrerero, recorriste varias de las características del juego y aprendiste que **el juego**, lo que llamamos jugar, **no tiene ninguna finalidad fuera de él mismo**. Los juegos que jugamos «jugando» no tienen otro porqué que el gozo del que juega. En cambio, en la gamificación, los juegos se proponen con un propósito al margen del juego.

**Ésta es la principal diferencia de la gamificación, su intencionalidad, pero hay otra igual de importante: la libertad del jugador. Jugar es una acción libre a la que no te pueden obligar, ni puedes imponer a nadie. La gamificación supone hacer «entrar en juego» a todo el conjunto de participantes: la clase, el ciclo o la escuela entera. Nadie elige; te encuentras sumergido en el juego y «debes» jugar. Llegar a motivar a todo el colectivo implicado para conseguir su decisión de ponerse en juego es uno de los grandes retos de la gamificación y de cualquier propuesta de juego colectivo.**

Estamos hablando de **cuadrar el círculo** y de proponer a un público cautivo, en una situación jerárquica en donde tú no dejas de ser la docente, una actividad con un propósito de aprendizaje, para que sea vivida como un juego. ¿Es eso posible? Sí, pero sólo **si respetas las lógicas de los juegos y conoces muy bien a tu alumnado**. No sufras. Cruzaremos esas puertas a su debido tiempo.

De momento, quédate con que **el juego no necesita de la intervención directa del adulto**. Sólo resulta imprescindible su intención educativa: ha de posibilitar espacios, enriquecer el repertorio lúdico, facilitar juegos y juguetes, potenciar a personas con las que jugar y crear un clima de confianza. Es la persona que juega quien decide cuándo jugar, cómo jugar, con quién jugar, a qué y con qué jugar. En sus manos los objetos cobran vida y los utiliza de manera transgresora y no convencional, según su imaginación le permita: un pañuelo se convierte en una capa, los dedos apuntando como una pistola, la tapa de una olla se troca en un escudo...

Cuando hablamos de gamificación, al igual que cuando hablamos de juego dirigido, esa libertad de juego queda restringida a la intervención del adulto que guía, arbitra, motiva y conduce el juego. **Saber facilitar el juego, convirtiéndolo en aprendizaje lúdico**, es una de las tareas más importantes en el nuevo rol del profesorado.

Llevar el juego a la educación es abrir la puerta también al **juego libre**,[21] tenga o no juguetes, con la seguridad de que de este juego se desprenden también los beneficios propios de la acción de jugar. Y, en el juego libre, la motivación del alumnado está servida, aun cuando sea preciso vencer el aburrimiento.

¿Te vendría bien alguna pista para saber distinguir cuándo el alumnado está jugando y cuándo participa en un ejercicio o actividad? Mi experiencia de trabajo con docentes me dice que a menudo confundimos ambas experiencias y creemos honradamente que estamos jugando cuando lo que estamos haciendo es utilizar algún juego o juguete o realizar una actividad más «interactiva» u «original». Te pongo un ejemplo. A menudo escucho decir al profesorado de infantil: «Vamos a jugar con la PDI»,[22] y entonces aparece en pantalla un ejercicio ambientado con dibujos animados, al que aquellos 25 niños atienden en un primer momento, pero después van distrayéndose más o menos rápidamente, dependiendo del entusiasmo y teatro que realice la docente. En este caso, el hecho de que la actividad se realice sobre una pizarra «interactiva» y que además aparezcan «dibujitos», nos hace creer que ya estamos jugando. Pero no es así. Seguro que conoces a alguna profe de infantil que se asombra de que sus alumnas se aburran o distraigan delante del juego que les ha preparado. Quizá lo has vivido en tu propia piel. ¿Qué está pasando? Si eso pasa en infantil, ¿que no pasará a finales de la primaria o en la ESO? Quizá allí no haya tanta confusión, porque ya no hay juego.

**Te propongo una lista de comprobación, tu «chuleta» particular para medir el grado de ludicidad de tu propuesta. Piensa en alguna actividad que hayas realizado con tu alumnado y consideres juego.**

¿En qué consistió? Descríbela aquí:

.....................................................................................................

¿Qué ambiente se creó en el aula?

.....................................................................................................

¿Cuál fue tu rol en la actividad?

.....................................................................................................

---

 **Ahora utiliza esta lista de comprobación:**

**Mirando a tu alumnado**

1. Siguen tus indicaciones — SÍ   NO
2. Responden a tus preguntas cuando les indicas — SÍ   NO
3. Disfrutan, lo viven con emoción — SÍ   NO
4. Son autónomos. Asumen el reto solos o con otros — SÍ   NO
5. Te necesitan. No pueden realizar el reto solos — SÍ   NO
6. Sólo tienen una manera de realizar la propuesta — SÍ   NO
7. Se concentran en lo que hacen, no en el resultado — SÍ   NO
8. Inventan, crean, imaginan, investigan, descubren — SÍ   NO
9. Toman decisiones. Escogen, eligen, optan — SÍ   NO
10. Ambiente distendido de concentración — SÍ   NO
11. El resultado de cada alumno es diferente — SÍ   NO

**Mirándote a ti**

12. Das indicaciones que todas han de seguir — SÍ   NO
13. Disfrutas y estás atento a las emociones del alumnado — SÍ   NO
14. Estás presente en el proceso del alumnado y no atrapada en mantener el orden y el silencio — SÍ   NO
15. Presentas la actividad como un reto motivador — SÍ   NO
16. Marcas una única y clara manera de hacerlo — SÍ   NO
17. Juzgas el resultado — SÍ   NO

| | | | |
|---|---|---|---|
| 18 Introduces el factor sorpresa o el azar | | SÍ | NO |
| 19 Entiendes el error como parte del proceso | | SÍ | NO |
| 20 No juzgas el resultado | | SÍ | NO |
| 21 Das libertad en el proceso y valoras las diferentes maneras de resolverlo | | SÍ | NO |
| 22 Ambiente tenso de escucha de tus instrucciones | | SÍ | NO |

---

Veamos el resultado:

- Los números 3, 4, 7, 8, 9, 10, 11, 13, 14, 15, 18, 19, 20 y 21 te dan un resultado de juego del 100%
- Si has marcado 10 de los 14 puntos, vas por buen camino, pero tienes oportunidades de mejora
- Si estas entre 7 y 10 afirmaciones, tienes más oportunidades de mejora
- Y si has marcado 7 o menos afirmaciones, decididamente, tu juego era un ejercicio. Seguramente un buen ejercicio, pero difícilmente estaría en el grupo de los juegos.
- Ahora ya lo sabes, los números 1, 2, 5, 6, 12, 16, 17 y 22 definen las características de una actividad o ejercicio.

---

Espero que te haya resultado interesante. Si es así, mantén a mano esta lista de comprobación; te puede ser útil para entrenarte.

# ¿SE DEBE HACER TODO JUGANDO?

**Ya debes de haberlo intuido: como Alicia pudo comprobar en su viaje, no todo es juego, pero todo se puede vivir con actitud lúdica.**

**Hace muchos años escuché a alguien decir (no he logrado recordar a quién) que en la vida las cartas te vienen dadas, pero tú eliges cómo jugarlas. Tu actitud respecto a la forma en que consigas vivir la partida de tu vida, marcará la diferencia.**

Tomarte la vida como un juego significa vivirla con pasión, decidir, plantearte retos, esforzarte por conseguir tus objetivos, aceptar los resultados y… volver a empezar. ¡Puro apetito de vivir!, como nos decía Mauriras-Bousquet. Voy a dejarlo claro: lo que te propongo no es llevar juegos al aula, o utilizar el juego como recurso o herramienta educativa para hacer más agradable el estudio. Eso está bien, ¡por supuesto!, y es una buena manera de comenzar, pero **¿y si lograras trascender el diseño de tareas y actividades para poner el juego en el corazón del proceso de enseñanza y de aprendizaje?**

 **Eso significa valerte del poder del juego para abrir la mente y el corazón del alumnado y también del profesorado; abrirte al misterio y la belleza, a la pasión por la vida, a las ganas de investigar; saber cuestionarse, amar, sentir, VIVIR en mayúsculas.
El juego como actitud lúdica es mi principal fuente de motivación e inspiración, la que me mueve a buscar, probar, crear, asombrarme, superarme y no cansarme de intentarlo.**

Las imágenes que te ha entregado la oruga empiezan a cambiar como por arte de magia y sabes que tu tiempo en esta puerta llega a su fin.

—¿Sabes qué es qué? ¿Tú eres quién? ¿Eres distinta a como eras hace un rato? ¿Quieres quedarte estas postales? Escoge tres imágenes al azar y durante veinte segundos conviértete en una persona u cosa distinta a ti relacionada con esas imágenes. ¿Cómo serías si fueras una tormenta? ¿O si fueras un reloj? ¿O una oruga? Si eres capaz, las postales son tuyas.

**Notas**

1 _ Nietzsche, *Más allá del bien y del mal,* Madrid, Alianza, 2012.
2 _ «Ludicidad»: esta palabra no existe en el diccionario de la RAE, pero me tomo esta licencia para jugar con las palabras. Me refiero a lo lúdico.
3 _ Con la reforma de los espacios del hospital de Sant Joan de Déu en Barcelona, el centro entero respira juego. Sólo os cuento que, para bajar de la segunda planta a la planta baja, puedes hacerlo en ascensor, por las escaleras mecánicas o, si tienes entre tres y diez años, deslizándote por un divertido y largo tobogán.
4 _ Carlos González Tardón, doctor en Psicología, ocio y desarrollo humano por la Universidad de Deusto y fundador de People & Videogames, desarrolló un modelo de evaluación gamificada «+♥♥♥» que se puso en práctica en U-tad durante los cursos 2013 y 2014 y que es una buena muestra de la aplicación de puntos, medallas y *rankings* realizada con éxito y sentido en la educación universitaria.
5 _ <https://www.classcraft.com/es/>. Gratuito y para jugar en línea.
6 _ David Medina es un profesor de Filosofía muy poco corriente, amante de los videojuegos, de la educación y, sobre todo, de su alumnado. Puedes saber más de su experiencia en «Geometría de la motivación: juegos de rol, tecnología y filosofía», revista *Mamakuna,* n.º 2, págs. 36-44.
7 _ Testimonio de Sheila Boudount, alumna de segundo de bachillerato en el curso 2016-2017 en el instituto Barcelona-Congrés de Barcelona.
8 _ El Institute of Play es una organización con sede en Nueva York dedicada a despertar la pasión por el aprendizaje, bien sea impulsando a docentes de cualquier etapa a crear experiencias de juego, utilizando juegos ya existentes en el mercado o diseñando sus propios juegos y potenciando una sólida comunidad de aprendizaje. De vez en cuando organiza formaciones *online.* Si fuera el caso, ¡aprovéchalo!; véase <www.instituteofplay.org>.
9 _ En la web <www.sikkhona.es> encontrarás toda la información del juego, las formaciones y diversos testimonios.
10 _ Sus creadores son Alex Galofré, *coach* ejecutivo y facilitador en materia de desarrollo de liderazgo; Ferran Ramon-Cortés, formador en comunicación personal e interpersonal; y Anna Forés, doctora en Filosofía y Ciencias de la educación, profesora de la Facultad de Educación de la UB. Los tres forman un excelente equipo, como han demostrado en el desarrollo de Sikkhona.
11 _ Paséate por <http://www.sikkhonaedu.com/> y descubrirás distintas experiencias

de trabajo en escuelas y universidades. Este trabajo lo lidera especialmente Anna Forés.

12 _ No te inquietes: cuando atravieses la puerta 7 te encontrarás viajando entre los elementos, dinámicas y mecánicas de los juegos.

13 _ Encontrarás toda la información en ‹www.binnable.com›. En estos momentos muchas empresas lo utilizan a través de talleres dinamizados para encontrar soluciones disruptivas a sus necesidades.

14 _ Enjogassa't es una creación de Marinva para la Diputación de Valencia. Véase ‹http://www.dival.es/enjogassat/#!inici›.

15 _ Promovido por la Fundación World Peace Game.

16 _ Puedes escuchar la propia explicación de Hunter en una charla TED de 2011 titulada *John Hunter y el juego de la paz mundial*. En ella explica el funcionamiento del juego y los resultados obtenidos con los alumnos.

17 _ En su página web encontrarás esta y muchas otras interesantes afirmaciones suyas.

18 _ David García es facilitador del juego en España, persona entusiasta y activa. Puedes saber más de World Peace Game en España a través de la página en Facebook de Educalia Innovación Educativa.

19 _ Más adelante, en la página 270, encontrarás en los Secretos de la Oruga 1 propuestas de juegos clasificados por competencias. Espero que te sea útil.

20 _ Más adelante, en la página 272, encontrarás en los Secretos de la Oruga 2 una recopilación de apps y videojuegos clasificados por competencias.

21 _ Si no lo conoces, te recomiendo que eches un vistazo al proyecto transmedia IMAGINE ELEPHANTS, centrado en la importancia del juego espontáneo. Se trata de un excelente trabajo de investigación en el que se entrevista a más de treinta profesionales de la educación, la infancia, la psicología, la pedagogía y el juego.

22 _ PDI: siglas de pizarra digital interactiva.

# Mapa y brújula

PUERTA 4

Una canción de cuna llega a tus oídos. Por un momento piensas que será el desaparecido Conejo Blanco, pero lo que observas es a una mujer con un extraño bebé en brazos.

—Soy la **Duquesa**. Me alegro de verte. Y por eso te voy a dar un consejo: procura ser lo que quieras ser o, si prefieres que te lo diga más llanamente: nunca imagines que eres distinta de lo que a los demás les parecieras que fueras o pudieras haber sido o parecido, para los demás distinta. Distinta.

Mientras intentas descifrar el consejo de la dama, das un brinco del susto que te produce ver cómo lo que te pareció un bebé es en realidad un precioso cerdito. La Duquesa te mira y mira al cerdito con amor infinito:

—Como bebé es feísimo, pero como cerdito es una auténtica preciosidad, ¿verdad?

¿**P**reparada para la aventura? En la primera puerta has conectado con tu actitud lúdica y ahora ya sabes ponerte en «modo juego». La segunda te ha mostrado que el juego es una innovación con siglos de crédito, y la tercera, las diversas caras del juego. Pero ninguna buena exploradora sale de casa sin poner en su mochila un mapa y una brújula. El mapa lo necesitarás para marcar dónde quieres ir y la brújula te servirá para orientarte y no desviarte del camino que te has marcado. Tampoco debes olvidar con qué recursos cuenta tu mochila.

A las personas que nos dedicamos a la educación, a menudo nos entusiasman más las actividades que los objetivos o impactos que perseguimos. ¡Somos hacedoras por naturaleza!

Seguro que recuerdas alguna ocasión en la que empezaste a programar una acción educativa basándote en las ganas que tenías de realizar cierta actividad. Quizá se trataba de una tarde de cuentacuentos o de una noche en la montaña observando constelaciones. Y no te pusiste a redactar los objetivos de tu propuesta hasta que tuviste la actividad bien programada. ¿Te suena?

Seguro que tienes más de una anécdota (propia o ajena) que contar, cuando imaginabas primero una actividad y después redactabas los objetivos a los que responde, cuando en realidad debería ser al revés. ¿Me equivoco? En mis inicios en la ludoteca de Bellvitge, ponía toda mi energía en las actividades. ¡Eran tan atractivas! Experiencias simultáneas de Abalone con las familias, «las seis horas de Scalextric», el espacio de la peluquería-barbería... ¿Te lo imaginas? Ponía tanta energía y entusiasmo que ya casi no me quedaba nada para redactar los objetivos. Me parecían obvios. ¿Te ha pasado algo parecido?

 **Sin embargo, cuando he sido capaz de definir unos objetivos ambiciosos, siempre concretos y medibles a corto, medio e incluso largo plazo, entonces he descubierto la fuerza motivadora del impacto. Porque es lo que ha orientado desde el inicio el diseño de la propuesta que he desarrollado. Y cuando te enamoras del impacto, la actividad se recoloca en el lugar que le corresponde: se convierte en un medio para nuestro fin, un mecanismo al servicio del verdadero objetivo que nos ocupa. Y si ese medio no me lleva donde yo quería, ya no me cuesta (tanto) reconocerlo y sustituir esa actividad por otra que me acerque más al objetivo deseado.**

🔑 **Para ello, es vital que los sistemas de indicadores de resultado e impacto estén planteados y concebidos desde el inicio.** De esta manera tendrás tu mapa y tu brújula, y sabrás en todo momento dónde estás y si te acercas o no al lugar donde quieres llegar. Porque si no lo haces así, te puede pasar como a nuestra amiga la Duquesa: que en vez de mecer a un bebé, lo que tengas entre tus manos sea un cerdito. Un cerdito precioso, eso sí, pero, al fin y al cabo, cerdito y no bebé.

 **Porque ¿puede transformarse la educación sin evaluar el impacto de los cambios? ¿Puede el aprendizaje lúdico introducirse sin un mapa y una brújula?**

Verás que cuando hablo de objetivos estoy diferenciando de manera recurrente **resultados** respecto de **impactos**. Si te soy sincera, esta diferencia la descubrí no hace muchos años y fue gracias a mi propio hijo, Pau Aragay,[1] consultor de evaluación y aprendizaje organizacional en proyectos sociales y educativos.

La verdad es que es un tema complejo pero muy importante para poder llevar a buen puerto nuestro trabajo educativo. En mi explicación voy a resumir y simplificar mucho, intentando no por ello dejar de ser rigurosa con los conceptos. Pero no sufras: te dejo aquí[2] una referencia que te va a ayudar a seguir profundizando. Vamos pues a desvelar la principal diferencia entre resultados e impacto.

🔑 **El resultado es aquello que obtenemos y evaluamos al acabar la actividad o actividades. Es inmediato.**

Imagina que, buscando motivar la lectura, anuncias que quien lea durante el trimestre más de tres libros obtendrá un punto extra en su calificación. El resultado coincidirá con el número de libros leídos, el número de personas que hayan leído los tres libros y se hayan ganado su punto extra. Pero ¿te garantiza eso que hayas mejorado su hábito lector, es decir, su gusto por la lectura? ¿Estás segura de que cuando lleguen las vacaciones continuarán leyendo por gusto sin esperar el punto extra? Si te decides a evaluar esta segunda parte, estarás buscando conocer el impacto de tu actividad en tu alumnado. Porque de manera consciente o inconsciente has establecido una **causalidad** entre «leer tres libros por trimestre» y modificar el hábito lector (o, mejor dicho, no lector) de tus alumnas. Me arriesgo a aventurar que tu acción habrá obtenido un buen resultado, pero no el impacto deseado que modifique sus ganas de leer.

**El impacto** en este contexto es, básicamente, la modificación permanente de marcos mentales y del comportamiento de los sujetos objeto de la actuación educativa. En el ejemplo de la lectura, tus actividades han facilitado que el alumnado leyera al menos tres libros durante el trimestre. Pero ¿acaso tus actividades han conseguido que las alumnas disfruten más leyendo? ¿Han conseguido construir hábito lector? Porque sólo con mayor placer por la lectura y con hábito lector conseguirás que sigan leyendo por voluntad propia al terminar el trimestre.

**El impacto busca medir el resultado de tu acción a medio o largo plazo, vincularlo al cambio educativo que deseas y responder a la pregunta sobre si los cambios observados son debidos a tu acción o no.**

Es cierto que hay muchas formas, cualitativas y cuantitativas, de medir el impacto.[3] Una de las que se utiliza más a menudo es la comparación con otro grupo que, en una situación lo más similar posible, no haya participado de tu acción. Otra puede ser medir alguno de los indicadores propuestos antes y después de la acción y comparar los resultados. En todo caso, cada metodología tiene ventajas e inconvenientes, y, en este sentido, incluso se pueden combinar para que los resultados de la evaluación sean lo más científicos y útiles posible. Por último, el impacto también busca medir qué otras consecuencias (positivas o negativas) ha habido, dejando de lado incluso a los participantes directos.

**Ya ves que no es fácil, y seguramente no todas las acciones las imaginamos con un impacto a medio o largo plazo; pero sin duda, en todos aquellos objetivos relacionados con comportamientos, valores y actitudes, necesitamos saber si estamos impactando y consiguiendo un aprendizaje significativo o no. Porque eso es educar, ¿no?**

Ahora que ya conocemos la diferencia entre resultados e impacto, podemos comenzar con el mapa de la aventurera y trazar los **objetivos**. ¿Sabes qué son los objetivos SMART? Posiblemente sí, pero no está de más recordarlo. Serán la base sobre la que anclemos nuestras propuestas de juego. SMART[4] es el acrónimo de Specific, Measurable, Achievable, Relevant and Time-Limited. Vamos uno por uno.

**Específico** (*specific*): **cuanto más detallado y concreto sea el objetivo, mejor**. Debe responder a las preguntas: quién, qué, dónde y cómo. Cuanto menos espacio deje a la ambigüedad, mejor. Plantearnos qué queremos conseguir, cómo lo conseguiremos y qué necesitamos para conseguirlo nos ayudará a concretar. Siguiendo con el mismo ejemplo, la «mejora de los hábitos de lectura del alumnado» no podría considerarse un objetivo SMART, más bien se trataría de la misión final de mi programa educativo. Partiendo de esa misión y concretándolo más, sería algo así como «conseguir que el alumnado de quinto curso lea de manera habitual y sea capaz de comprender lo que lee y de compartirlo voluntariamente».

**Medible** (*measurable*): es decir, **cuantificable, con un resultado concreto**. Lo que no se puede medir no se puede evaluar, así que será indispensable haber previsto los indicadores de seguimiento necesarios. ¿Qué significa «de manera habitual»? ¿Un libro al mes? ¿Y comprenderlo también? ¿Haciendo una reseña, una exposición en el aula? ¿Cómo sabremos si lo comparten con los demás? Si queremos que nuestro objetivo sea específico y medible tendremos que concretar todavía más: «Leer una media de un libro al mes, resumirlo en una reseña que contenga una recomendación y una valoración y compartir voluntariamente durante el curso al menos tres reseñas en la plataforma de la escuela».

**Alcanzable** (*achievable*): se trata de ser **realista sin dejar de ser ambiciosa**. Debe suponer un reto, pero a la vez debe resultar viable. Si te propones que los libros sugeridos superen las quinientas páginas y fijas el objetivo en alumnas de quinto curso, seguramente estarás exagerando la meta. Saber de dónde partes es fundamental para que el objetivo planteado pueda alcanzarse. Si tus alumnas están leyendo un libro al año con bastante esfuerzo, quizá un libro al mes sea exagerado. En este sentido, dividir el objetivo principal en subobjetivos puede ser muy útil y práctico.

**Relevante** (*relevant*): es decir, **en sintonía con el proyecto educativo de la escuela** y sus prioridades, y que además te acerque al modelo de persona que quieres educar y a los impactos a medio y largo plazo que quieras conseguir.

**A tiempo** (*time-limited*): **fijando plazos que creen la necesidad** de ponerse en marcha. ¿Para cuándo quieres mejorar el hábito de lectura? ¿Qué hitos temporales te marcas tanto para los resultados como para el impacto?

Nuestro objetivo podría quedar redactado más o menos así: «Conseguir que el alumnado de quinto curso lea una media de un libro al mes de más de cien páginas, sea capaz de resumirlo en una reseña que contenga una recomendación y una valoración, identificando su género y autoras favoritas, y presentada en el formato que elija (texto, presentación, animación, vídeo...), y además comparta voluntariamente al menos tres de sus reseñas en la plataforma de la escuela».

¿Echas de menos algo? ¡Exacto! ¿Dónde está aquí el impacto? ¿Qué te parece si añadimos «incluidos los meses de verano»? Si conseguimos que fuera del marco escolar continúen leyendo por puro placer, sí que estaríamos generando un cambio significativo. Se trata de que descubran el placer de leer, de descubrir nuevos géneros, autoras, historias... De esta manera, en términos de impacto, este objetivo podría desglosarse en «un alumnado que es consciente de la importancia de leer y de lo bien que se lo pasa leyendo, lo cual permitirá ir afianzando el hábito y el gusto lector».

Es importante escribir los objetivos y leerlos en voz alta. Es bueno que a tu cerebro le llegue toda la información por el máximo número de sentidos. Al fin y al cabo, lo estamos programando para que se ponga a trabajar en ello. Varios estudios demuestran que el porcentaje de éxito aumenta significativamente cuando lo hacemos así.[5] ¿Sabes cuántos pensamientos tienes al cabo del día? Aproximadamente, sesenta mil. Definir bien tus objetivos, ponerlos por escrito y leerlos en voz alta ayuda a tu cerebro a concentrarse en aquellos pensamientos que te ayudan a conseguirlos. Es lo que se llama «poner el foco».

En definitiva, el objetivo u objetivos que te marques, tanto en términos de resultados como de impacto, deben permitirte:

- **Guiar y coordinar tus decisiones**. Las acciones que propongas sólo tienen sentido si te acercan al objetivo.
- **Proporcionar una base de evaluación** y control de los resultados obtenidos.
- **Motivar al alumnado (o profesorado)** al conocimiento, entendimiento y aceptación de sus metas. Eso les hace protagonistas de su aprendizaje.
- **Transmitir al exterior** (otras profesoras, escuela, padres y madres, sociedad) tus intenciones para que se orienten en este sentido. Toda la escuela debe estar implicada en mayor o menor medida.

Llegados a este punto, permíteme darte un consejo: a veces consideramos que se deben establecer muchos objetivos porque esto da seriedad a la actividad y al conjunto de nuestro proyecto. Nada más lejos de la realidad: **los objetivos, en términos de resultados e impacto, cuanto más claros y focalizados estén, mucho mejor**. Menos es más.

---

**Cuando pienso en objetivos pienso en el universo de los daruma,[6] ¿los conoces? Son figuras cuyo dibujo se completa en función del cumplimiento de uno o varios objetivos. Y es que las personas no nos llevamos bien con las cosas inacabadas. En este caso, te propongo que utilices el árbol por el que se introdujo Alicia. Fíjate en no más de tres objetivos y escríbelos en tres partes del árbol. Puedes aprovechar para recordar y poner al día los propósitos que te marcaste al atravesar la primera puerta después de poner en marcha el ludómetro. Pinta esa parte cuando hayas llegado a tu objetivo. Y sigue así hasta haberlo coloreado todo. Será tu precioso árbol de los propósitos.**

**Ahora ya sabes que en una acción de aprendizaje lúdico, la primera clave que hemos de resolver es precisamente ésta: ¿qué objetivos persigues con ella? ¿Qué impactos quieres obtener? Para darles la forma en que nos servirán de guía, evaluación, motivación y comunicación, tendremos que concretar, siguiendo la metodología SMART, hasta llegar a los comportamientos que identifiquemos como comportamientos deseados.**

Para entenderlo mejor, vamos a recuperar nuestro objetivo: «Conseguir que el alumnado de quinto curso lea una media de un libro al mes –incluidos los meses de verano– de más de cien páginas, sea capaz de resumirlo en una reseña que contenga una recomendación y una valoración, y presentada en el formato que elija (texto, presentación, animación, vídeo…), y además comparta voluntariamente al menos tres de sus reseñas en la plataforma de la escuela».

¿Cuáles serían los comportamientos deseados? En este caso lo he establecido como:

- **que lean** una media de un libro al mes, incluidos los meses de verano;
- **que compartan** voluntariamente al menos tres de las reseñas en un periodo determinado de tiempo.

**Para acabar de afianzar esta reflexión, déjame que te hable de la teoría del cambio.[7] ¿La conoces? Si los objetivos son la definición del lugar adonde quiero ir, por ejemplo a París, la teoría del cambio me dibuja el mapa de las carreteras con las que puedo llegar a mi destino, saliendo en nuestro caso de Barcelona. Sólo nos falta la brújula, que no es otra que la evaluación del proceso: ¿estoy siguiendo el mapa?, ¿me estoy acercando poco a poco a París?**

En definitiva: «Una teoría del cambio es como un mapa vial. Nos ayuda a planificar nuestro viaje desde el punto en el que estamos actualmente hasta donde queremos llegar [...], nos ayuda a responder a la pregunta ¿cuál es el cambio que deseamos alcanzar y qué tiene que pasar para que este cambio se alcance?».[8]

Cualquier intervención se basa en una teoría que hemos elaborado de manera más o menos consciente. Es decir, queremos conseguir algo (objetivo) e imaginamos una manera de conseguirlo (acción). Sin una teoría del cambio no es posible una evaluación que nos permita saber si hemos producido el cambio deseado.

Ahora es el turno de los **indicadores**, lo que en determinados ámbitos se llama KPI,[9] o indicadores clave de rendimiento. Los indicadores muestran si nuestra propuesta está dando sus frutos o si, por el contrario, no progresa como esperábamos. La metodología SMART nos va a ayudar con ellos.

En nuestro caso, ¿cuál crees que podría ser un indicador del nivel de desempeño? Recordemos una vez más nuestro objetivo, pues los indicadores están directamente relacionados con un objetivo fijado de antemano: «Conseguir que el alumnado de quinto curso lea una media de un libro al mes —incluidos los meses de verano—, de más de cien páginas, sea capaz de resumirlo en una reseña que contenga una recomendación y una valoración, y presentada en el formato que elija (texto, presentación, animación, vídeo...), y además comparta voluntariamente al menos tres de sus reseñas en la plataforma de la escuela». ¿Podrían ser indicadores de...

- número de libros leídos por cada niño al mes?
- número de páginas leídas por libro?

- cantidad de reseñas compartidas?
- ...

¿Se te ocurre alguno más? Un buen redactado de objetivos incluye la identificación de indicadores.

 Voy a proponerte algo a modo de entrenamiento. En el siguiente recuadro, apunta en la primera columna tres juegos de los que aparecen en el capítulo 3. ¿Los tienes? Bien, ahora en la segunda columna anota un objetivo de aprendizaje que crees que puedes resolver con cada uno de esos juegos. Recuerda que has de pensarlo en modo SMART. De esta manera te habrás asegurado de definir el resultado y el impacto esperado. En la tercera columna, anota los indicadores que fijarás para ver si te acercas al objetivo (o terminas con un cerdito en lugar de un bebé). Tómate tu tiempo.

| JUEGO | OBJETIVO SMART Resultado / Impacto | Indicadores Resultado / Impacto |
|---|---|---|
|  |  |  |
|  |  |  |
|  |  |  |

**Ahora, atrévete a hacerlo al revés. Comienza por marcarte un objetivo con el resultado e impacto que quieras conseguir. En la segunda columna describe los indicadores que utilizarás y, por último, decide el juego en cualquiera de sus formas, tal como has visto en la puerta 3, que te ayudará a conseguir el objetivo que te hayas marcado. Busca un objetivo sencillo, simplemente para entrenarte. Vuelve a tomarte tu tiempo. Y créeme, acabarás definiendo la actividad a partir de la solidez de una reflexión previa que te dará mucha tranquilidad y confianza, porque tienes tu mapa y tu brújula a punto.**

| OBJETIVO SMART  Resultado / Impacto | INDICADORES  Resultado/Impacto | ACCIÓN |
|---|---|---|
| | | |

Entramos ahora en la casilla de los **recursos**, que cierra esta puerta. Y es que otra variable clave que interactúa aquí en forma de vasos comunicantes son los recursos de los que disponemos para llevar a cabo la propuesta.

- ¿Cuántas personas o recursos humanos van a participar para hacerla posible?
- ¿Contamos con alguna reserva económica?
- ¿En qué espacio podemos llevarla a cabo?
- ¿Podemos acceder a algún tipo de plataforma que la facilite?
- ¿Tenemos conexión wifi?
- ¿Podemos conseguir los recursos que necesitamos?
- ¿Podemos llevarla a cabo con otros recursos?
- ¿Pensamos en un plan B?
- …

Es importante saber de qué recursos disponemos o necesitamos para anticiparnos y ver cómo los organizamos, y comprobar si trabajan a favor del proyecto o si los objetivos son viables. Si no tenemos plataforma en la escuela o la que tenemos se cae cada dos por tres y crea una tremenda frustración, tendremos que poner nuestra atención en ello, ya sea para solucionarlo o para modificar la redacción del objetivo. Es decir, quizá las reseñas se deban compartir en las redes o en el tablón de anuncios del pasillo, ¿no te parece?

Pero no te engañes: el recurso principal no está en los materiales específicos, ni en el número de personas que van a intervenir, sino en los conocimientos y pericia de éstas. En nuestro ejemplo, las preguntas serían:

- ¿Las personas que intervienen tienen saber y experiencia en desarrollo del hábito lector?
- ¿Conocen y saben recomendar libros en función de la edad y gustos del alumnado?
- ¿Son buenas rapsodas capaces de leer en voz alta y atraer la atención del alumnado?
- ¿O más bien se ponen nerviosas ante el desinterés de sus oyentes?
- …

Nuestro saber y experiencia y, en su ausencia, nuestras ganas y compromiso por aprender son recursos fundamentales a los que no siempre prestamos la atención que se merecen.

Así, conectando con otras puertas, ahora mismo podríamos resumir los descubrimientos del modo siguiente:

Recuerda que la actitud lúdica es la base de la educación y de la vida en general. Y es que no podemos separarnos de ella... Poco a poco iremos despejando las incógnitas que encontraremos en el camino.

Ahora sí, no puedo más que preguntarte:

**❓ ¿Crees que estás en estos momentos más enamorada de los resultados y el impacto que de las actividades, por muy lúdicas que éstas sean?**

Hasta ahora he compartido contigo mi conocimiento y experiencia para conseguir enamorarte del impacto más que de las actividades. Espero haberlo conseguido y que ello te ayude en tu rol profesional e, incluso, en el personal.

Quisiera acabar el recorrido por esta puerta compartiendo contigo un poco más sobre el punto de partida de mi teoría para lograr cambiar la escuela. En la puerta 1 me he extendido ya sobre ello, no en vano es el motivo de este libro. En la puerta 2 hemos conocido a muchas otras personas convencidas del poder del juego para transformar la educación, así como investigaciones que lo demuestran. En esta puerta, y después de haber hablado de objetivos, mapas y brújulas, quisiera acabar con una declaración de principios.

**Todo comienza con una firme convicción: el juego entendido como actitud lúdica y los juegos en tanto actividades propias del juego son elementos fundamentales para la transformación de la educación. El juego es la mejor manera de aprender. ¿Por qué estoy convencida de que la ludicidad es clave para transformar la educación? Te lo resumo en ocho razones:**

1. **Espontaneidad**: entrar en una dinámica de juego genera un efecto de desinhibición que permite exponer nuestras conductas más espontáneas; situaciones que requieren romper con lo establecido, cuestionar lo «habitual» o aceptar que las cosas no siempre son lo que parecen.
2. **Aprender haciendo**: el juego nos mueve a la acción y es en la consciencia y la reflexión sobre la acción donde se da el aprendizaje.
3. **Margen de error**: en el juego, el error es entendido como parte del proceso, de manera que no frustra, sino que motiva a la persona para la reiteración o repetición hasta conseguir el objetivo buscado. No olvidemos que, como diría Bruner, el aprendizaje es un proceso y no un producto.
4. **Emoción**: el juego maximiza el impacto de las emociones en el proceso; es más, las estimula, las utiliza como factor primordial para la acción. Y ya sabemos que sin emoción no hay aprendizaje.
5. **Interrelación**: un entorno o práctica lúdica facilita la relación entre personas, propiciando la participación y la confianza, base de la relación colaborativa entre iguales.
6. *Feedback*: inmediato y continuo. Gracias a él, la alumna sabe en todo momento en dónde se encuentra, que se espera de ella y cómo conseguirlo. Tiene las herramientas para hacerse responsable de su aprendizaje.
7. **Reto constante**: provoca la salida de la zona de confort del alumnado para que aborde problemas y resuelva incógnitas al límite siempre de sus competencias.
8. **Impacto**: los procesos llevados a cabo en un entorno lúdico suelen generar un alto impacto en los participantes que va más allá del resultado. Las decisiones tomadas se perciben y se sienten. El objetivo es asumido, interiorizado, por cada participante que, al hacerlo suyo, genera un nivel mayor de compromiso en su logro.

¿Te mueven tus ganas de profundizar y saber más?

En la salida encuentras al bebé cerdito durmiendo plácidamente, mientras la Duquesa te tiende el pañuelo con el que lo tapaba.

—Los pañuelos nos esconden y nos muestran. Pueden ser un obstáculo o una ayuda. La moraleja es que lo importante es que sepamos quiénes somos y qué queremos. ¡Ah! Y que el amor pone en marcha el mundo.

Cuarta puerta, ¡superada!

**Notas**

1 _ Para saber más sobre Pau Aragay puedes consultar su perfil de Linkedin en <https://es.linkedin.com/in/pauaragay>.

2 _ Una buena lectura sobre el tema es *La evaluación del impacto en la práctica* (2011), publicación del Banco Mundial elaborada por Gertler, Martínez, Premand, Rawlings y Vermeersch; <http://siteresources.worldbank.org/INTHDOFFICE/Resources/IEP_SPANISH_FINAL_110628.pdf>.

3 _ Si quieres conocer un caso práctico de evaluación del impacto en educación, te recomiendo la lectura del *Cuaderno 09*, «Evaluamos la primera experiencia piloto: 35 factores para calibrar el cambio educativo», publicado por Jesuitas Educación en su página web Horizonte 2020.

4 _ Juego de palabras, ya que *smart* significa inteligente en inglés. Fue acuñado por primera vez en 1981 por George T. Doran, consultor de planificación corporativa.

5 _ Puedes consultar la teoría de William Glasser (1925-2013). Psiquiatra estadounidense, conocido por haber desarrollado una teoría de causa-efecto para explicar el comportamiento humano. Según ésta, aprendemos el 10 % de lo que leemos, el 20 % de lo que escuchamos, el 30 % de lo que vemos, el 50 % de lo que vemos y oímos, el 70 % de lo que discutimos con otras personas, el 80 % de lo que hacemos y el 95 % de lo que enseñamos a los demás.

6 _ Los daruma son figuras japonesas vestidas de rojo, sin extremidades y provistas de unos grandes ojos blancos. Con este símbolo se pretende convertir tus deseos en realidad y darte felicidad, es decir, es un amuleto de propósitos. Para ello, una vez tengas en casa tu daruma, tendrás que pintarle una pupila en el ojo izquierdo a fin de que puedas obtener lo que deseas. Y una vez cumplido ese deseo, deberás pintar la pupila del ojo derecho.

7 _ Para profundizar te recomiendo la lectura del documento «Teoría de cambio: un enfoque de pensamiento-acción para navegar en la complejidad de los procesos de cambio social» (2010), cuyo autor es Íñigo Retolaza Eguren y que ha sido publicado por Hivos-Instituto Humanista de Cooperación al Desarrollo.

8 _ Definición acuñada por GrantCraft, de la Foundation Center, en *Mapping change: Using a theory of change to guide planning and evaluation*.

9 _ KPI es el acrónimo de Key Performance Indicator. Una posible traducción de este término sería «indicador clave de desempeño» o «indicador de gestión».

# Igual de diferentes

Cuando vuelves al vestíbulo se ha convertido en un gran tablero y ves, en el centro, una joven vestida de blanco bailando sobre él. Te acercas, pero ni te ve ni te oye. Sigue saltando de casilla en casilla. Decides ponerte a saltar con ella y al rato repara en ti abriendo mucho los ojos y regalándote una sonrisa deslumbrante.

—Soy la Reina Blanca. No te había visto, lo siento. A veces no veo a las demás. Si no consigues verlas no las conoces, y si no las conoces es muy difícil apreciarlas, y ya no te digo crear algún efecto sobre ellas.

»¿Quieres dibujar conmigo? Me gusta porque me ayuda a imaginarme a las personas. Empecemos: ¿de qué color eres?...

Mientras la Reina Blanca se afana en su dibujo, tomas prestada la llave y entras en la siguiente puerta.

Para dibujar nuestro mapa y nuestra brújula hemos tenido que pensar en las personas con las que vamos a trabajar: quizá el alumnado de unas edades determinadas, o ciertos docentes o la comunidad educativa al completo. ¿Recuerdas el ejemplo con el alumnado de quinto curso? Sin duda, los objetivos y sus correspondientes indicadores los marcamos teniendo en mente el colectivo al que nos dirigimos.

En el ámbito educativo tenemos organizado al alumnado por cursos o por ciclos y éstos van asociados a la psicología evolutiva y sobre todo a los aprendizajes que nos marca el currículo. La cuestión cambia cuando nos marcamos objetivos con las familias o con los docentes. En este caso, la segmentación es más difusa y a menudo tratamos a unos y otras como un solo colectivo o los organizamos por ciclos o etapas... como al alumnado.

En esta puerta no vamos a entrar en cómo evoluciona el juego a lo largo de las diferentes edades[1] ni en los diferentes tipos de juego según las teorías de Piaget[2] o Vigotsky.[3] Tienes mucha literatura para profundizar en ello y seguro que estás ya muy familiarizada con este tipo de clasificaciones.

Lo que te propongo es una mirada diferente, que te ayude a descubrir **qué nos mueve a jugar**, pero sobre todo qué nos mueve a jugar en un momento determinado y de una manera determinada. Mi propuesta se basa en la construcción de esta mirada a partir de la **experiencia de la «jugadora»**, en el sentido más amplio del término. Es decir, de la persona que se pone «en juego».

En el aprendizaje lúdico, esa mirada permanente sobre «la jugadora», llamémosle usuaria o destinataria de nuestra propuesta, se hace más imprescindible que nunca, ya que sus emociones van a estar implicadas explícitamente desde el minuto uno. No en vano estamos hablando de su experiencia lúdica. Percibir el clima reinante y saberlo manejar será otro de los poderes que deberás poner en marcha.

**?** **Porque... ¿puede el aprendizaje lúdico tener éxito sin conocer y comprometer a sus destinatarios?**

Decíamos antes que una de las características del juego es que nos hace a todas iguales. Sí, con relación a sus reglas todas somos iguales, pero también sabemos que juegos que aburren a unas entusiasman a otras y que no todas jugamos de la misma manera ni con las mismas motivaciones. Conocer a las personas con las que vamos a interactuar es algo absolutamente necesario. Sólo así podremos **ofrecer una respuesta adecuada a sus necesidades y características** que nos permita afianzar una relación que deseamos duradera.

¿Cómo podemos acercarnos a esa diversidad? En un primer examen nos damos cuenta de que hay personas que juegan en el trabajo o durante el fin de semana; por un periodo de cinco minutos o durante días enteros; solas, en familia o con amigas y amigos. Hay personas que juegan utilizando el móvil y otras que lo hacen con la consola. Personas que juegan de manera diferente según el momento del día, el lugar, el periodo del año o el humor con el que se levantan. Y personas que, con sólo oír la palabra «juego», se les ponen los pelos de punta.

A mí, por ejemplo, no me gustan las partidas demasiado largas. Sin embargo, con algunos juegos, y si estoy en buena compañía, soy capaz de jugar durante tres o cuatro horas seguidas manteniendo la emoción y el entusiasmo. Y tampoco juego a lo mismo ni de la misma manera en el metro que en la mesa del comedor de mi casa, ni juego igual con amistades de toda la vida que con personas a las que acabo de conocer. Estoy segura de que los juegos que propondré o querré jugar con unas u otros no van a ser los mismos. Porque en el juego nos mostramos, ¡y mucho!

**Jose Abellán,[4] que me ha acompañado en esta puerta, lo resume de una manera que me parece muy clara: «Los usuarios no son algo pétreo, sino más bien algo eléctrico». Y es verdad: nuestras destinatarias, sean alumnas, docentes o familias, van a mostrarse diferentes y van a jugar de forma diferente según el entorno donde les propongamos jugar, el lugar físico donde se juegue, el tiempo del que dispongamos y las relaciones que existan entre ellas. Porque son personas que piensan y sienten y a las que el entorno les condiciona e influye, ¡porque están vivas!**

Centrar el diseño de un aprendizaje lúdico en ellas, en tus destinatarias concretas, resulta pues esencial para garantizar el éxito de tu propuesta. Seguro que no quieres parecerte a la Reina Blanca que no ve a las demás y por lo tanto no las conoce, ni sabe apreciarlas... Vamos pues a abrir bien los ojos para poder verlas mejor.

¿Cuáles son esos aspectos que van a influir y que has de tener en cuenta a la hora de diseñar un aprendizaje lúdico, en cualquiera de sus formas, centrado en tus destinatarias?

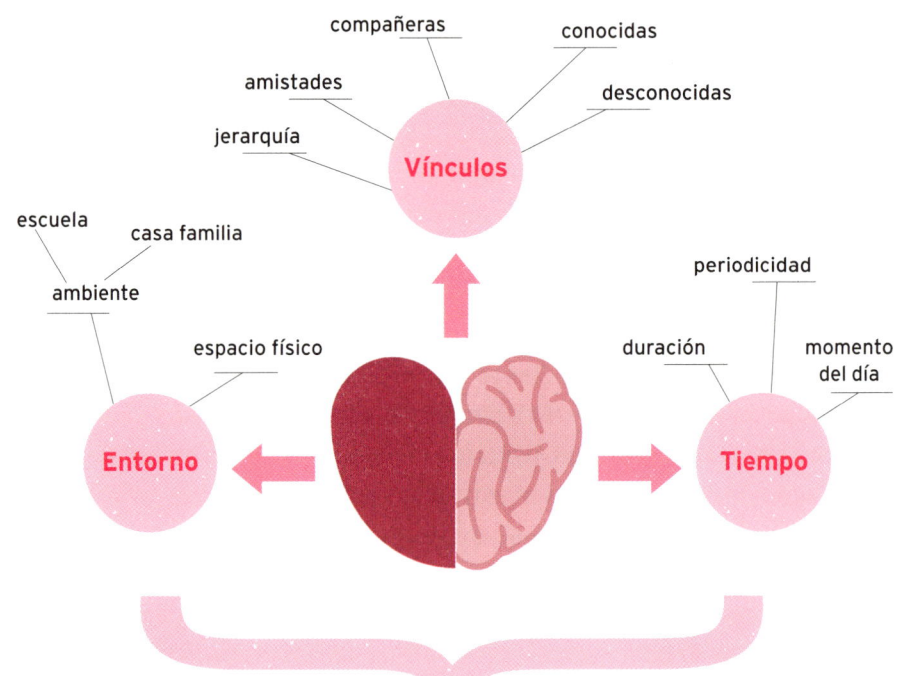

**Propuestas lúdicas**

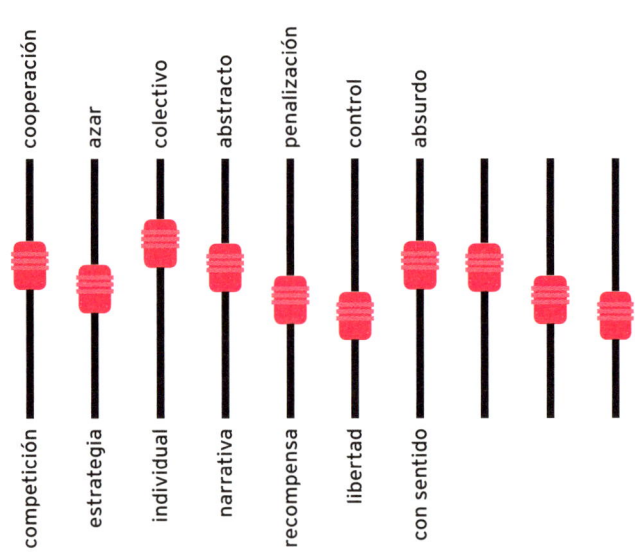

Lo primero y en el centro de todo, la persona y la suma de personas que forman tu colectivo. Persona que siente, piensa y actúa.

Sin duda el **ENTORNO**, el lugar donde se vaya a vivir la propuesta, va a condicionarla. Ese entorno lo entiendo como algo **físico**: un espacio cerrado o abierto, con mobiliario o sin él, con luz cálida o fría, bello o desangelado, etc. Pero también como **ambiente**, es decir, el contexto en el que se va a jugar. No entras en «modo lúdico» igual en casa que en el colegio. Pero tampoco el ambiente de clase es el mismo en el aula que cuando se va de colonias, a principio de curso que hacia el final, o con la tensión de los exámenes de selectividad, por ejemplo.

Los **VÍNCULOS**, es decir, las relaciones previas que existan entre las personas que han de participar en la propuesta, van a resultar muy significativas. No es lo mismo mostrarse entre amigas y amigos que entre conocidas o entre desconocidas, y mucho menos si entre ellas existen relaciones jerárquicas. La relación de confianza que exista va a permitirte unas propuestas y a impedirte otras. Aunque con ellas puedes conseguir animar y fortalecer la confianza necesaria para crear un ambiente propicio al juego y el aprendizaje.

Por último, debemos contar con el **TIEMPO** disponible para la propuesta, tanto en lo que se refiere a su duración como al momento del día o su periodicidad. Cuando digo duración no me estoy refiriendo solamente a si el alumnado dispone de los cincuenta y cinco minutos de una clase o solamente diez. También será preciso saber si esta propuesta vas a mantenerla durante un trimestre o durante un solo curso o simplemente durante los cincuenta y cinco minutos que dure tu clase. Y claro, habrá que conocer su propia porosidad: ¿se trata de un curso y un día por semana o de un curso que forma parte del día a día? El tipo de periodicidad va a hacer que entres en juego también de manera distinta.

**Pues bien, con la mirada puesta en la persona, su entorno, sus vínculos y el tiempo disponible, ya puedes empezar a balancear el ecualizador de tu propuesta lúdica. En el dibujo anterior te muestro siete decisiones que tendrás que tomar y te dejo tres en blanco para que las completes con tus conocimientos y tu intuición sobre los juegos. En la puerta número 7 te presentaré éstas y otras lógicas de los juegos. De momento, tómatelo a modo de *spoiler*.**

**Cuando miro a mis destinatarias y adopto el compromiso de centrar el diseño de mi propuesta en ellas, les intento contemplar con esta mirada holística sobre su pensar y sentir, para que se sientan ilusionadas y seguras en su actuar. Se trata de mantenerlas todo el tiempo necesario en el círculo mágico que supone el entrar en juego para que disfruten de la partida y aprovechen así todos sus beneficios colaterales.**

De hecho, el aprendizaje lúdico necesita de unos contextos determinados y de un clima de confianza para que la persona entre en juego, pero a la vez crea y mejora esos contextos y vínculos. Puedo decirte que es una oportunidad[5] para:

- el crecimiento personal, sean quienes sean las destinatarias, ya que facilita el autoconocimiento y, con él, el enfrentamiento de tus propios fantasmas;
- el fortalecimiento de los vínculos entre las personas;
- la mejora del entorno.

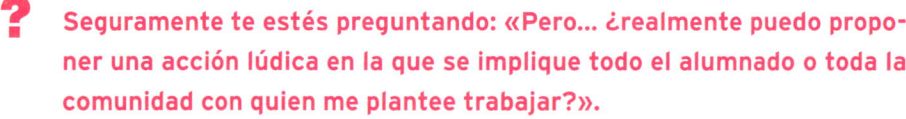 **Seguramente te estés preguntando: «Pero... ¿realmente puedo proponer una acción lúdica en la que se implique todo el alumnado o toda la comunidad con quien me plantee trabajar?».**

En la escuela, con un público cautivo durante nueve meses, no cabe duda de que comenzar a aplicar el aprendizaje lúdico a la creación de vínculos de confianza es una apuesta segura que va a favorecer el crecimiento personal de las individuas, al mismo tiempo que mejora el contexto de aprendizaje y nos facilita la implicación de todo el alumnado.

En la puerta 3 has conocido la dinámica lúdica Sikkhona, ¿recuerdas? Puede resultarte una herramienta magnífica para conocer más y mejor a tus destinatarias mientras crece entre ellas la confianza y el compromiso.

Seguro que ya lo estás pensando... No sólo hace falta una relación de confianza entre ellas, sino también confianza en ti y de ti misma en ellas. Y para ello es necesario que te impliques en aquello que vas a proponer.

 **Eso ya lo sabes, pues implicarse en el aprendizaje del alumnado es clave para facilitar ese mismo aprendizaje. Que las alumnas y alumnos**

**sientan que confías en ellas y ellos y que te importan es algo que forma parte del saber hacer de un buen educador. Y, en el aprendizaje lúdico, eso todavía se hace más imprescindible por su carácter emocional, tal como ya has ido conociendo puerta tras puerta.**

Está claro que sólo se transmite lo que se contiene y sólo van a seguirte si te ven decidida e ilusionada, diría incluso que apasionada por el reto que les propongas. En este compromiso mutuo, uno de mis recursos favoritos es la **alianza**. Se trata de algo tan sencillo como escribir en un papel de gran formato lo que es importante para que pase. Aquello que entre todas hemos querido que pase. Algo así como **las reglas del juego de nuestras relaciones y compromisos**. Puede tratarse incluso de una actividad. Entonces, ¿cómo vamos a querer vivirla?, ¿qué ambiente queremos que haya entre nosotras mientras dure esa actividad? Pero también podemos estar hablando de nuestra clase y de todo el curso. Si es así, ¿qué ambiente queremos que haya entre nosotras?, ¿cómo vamos a tratarnos? y ¿cómo vamos a afrontar los conflictos que puedan aparecer? Es decir, podemos empezar diciendo: «**Para mí es importante que** en este curso no falte el sentido del humor», y el resto deberá mostrarse de acuerdo o no. Todas dirán qué es lo más importante para ellas: el respeto, la sinceridad, la autonomía... Y consensuaremos una a una las palabras que allí escribiremos y su significado. Y así, al final, tendremos una alianza en la que todas nos comprometemos a avanzar en el curso con sentido del humor, respeto, sinceridad, autonomía..., ¡cualquier cosa que pactemos! Siempre podrás volver a la alianza para recordar que todas nos comprometimos en ello.

Cuelga la alianza en un lugar bien visible y volved a ella de vez en cuando. Una alianza es algo vivo y que hemos decidido entre todas; por lo tanto, en cualquier momento, cualquier persona de la clase puede expresar su sensación de que algo no se está cumpliendo y que quizá esté faltando respeto o humor. O al contrario, puede que note que sobra humor porque éste se ha confundido con la ironía. Y ahí tienes ya un nuevo motivo de debate y compromiso que hará crecer a tu alumnado y a ti misma.

 **¿Te animas a escribir cuál sería tu propuesta de ALIANZA para tu equipo docente en caso de querer introducir el aprendizaje lúdico en la escuela?**

Si bien queda claro que las jugadoras actuamos de forma diferente según el contexto en el que jugamos y según las personas con que jugamos, también es cierto que en esos contextos diferentes nos movemos conforme a una serie de patrones.

A sabiendas de que establecer predicciones sobre hábitos o respuestas de un grupo de personas ante un estímulo siempre tiene un margen de riesgo y que las taxonomías no son en absoluto irrefutables, veo sin embargo en ellas un buen punto de partida que conviene conocer y tener en cuenta.

«¿Qué prefieres: descifrar más secretos que tus amigas o convertirte en una heroína antes que ellas?» Esta es una de las preguntas que hace Richard Allan Bartle[6] para identificar qué tipo de jugadora eres y clasificarte según su taxonomía.

Según Bartle, podemos distinguir cuatro conductas básicas entre las personas que juegan y que dan lugar a lo que él llama personas sociales, ambiciosas, exploradoras y triunfadoras. Como verás a continuación, se diferencian entre sí por sus objetivos y motivaciones y por su sensibilidad a diferentes elementos de juego.

**Sociales** (*socialites*). El aspecto relacional es su principal característica. Adoran interactuar y formar parte de un equipo. El juego es una de sus herramientas para conectarse con otras personas. Cooperan, compiten, se comunican, se muestran y, sobre todo, se relacionan. La experiencia social es para ellas más importante que sus propios avances y logros. A ellas pertenecen expresiones como: «¡Hola! ¿Qué ha pasado?», «Me lo he perdido, estaba hablando...» o «¿Sí? ¡Ay, no me digas! ¡Es terrible! ¿Estás segura? Es espantoso...».

**Ambiciosas** (*killers*). No pueden jugar sin competir y aniquilar al resto de las jugadoras. Mueren matando. No soportan perder o, dicho de otra manera, no soportan que nadie les gane... aunque sea un poco. El control es básico para ellas y el juego se vive intensamente. Se trata de superar obstáculos, afrontar retos, crear estrategias, conseguir ganar y disfrutar cuando otras pierden. Son suyas expresiones como: «¡Ja!», «Cobarde» o «¡Muere!».

**Exploradoras** (*explorers*). Les encanta descubrir su entorno, qué digo el entorno, ¡el mundo entero!, pero, a poder ser, a su propio ritmo. Lo que les mueve es la curiosidad. Para ellas jugar es imaginar, interpretar, aprender. Son suyas expresiones como: «Mmm...», «No lo he probado... ¿qué hace?» o «¿Dices que no sabes cuál es el camino más corto?».

**Triunfadoras** (*achievers*). Son las que prefieren acumular puntos, niveles, recompensas, medidas concretas que muestran el éxito en el juego. Les interesa actuar sobre el mundo, marcándose metas y superando obstáculos. Les mueve el prestigio y les encantan los reconocimientos. Son suyas expresiones como: «Claro que te ayudo», «¿Qué gano yo? ¡Sólo 4 211 por hacer esto!» o «¿Cuántos puntos te dan por matar al dragón? ¡Conseguido!».

Está claro que ninguna persona responde a una sola conducta. De hecho, todas somos **combinaciones de las cuatro**, de manera que se han llegado a identificar hasta dieciséis perfiles a partir de esos cuatro retratos básicos. Este mismo investigador ha creado un test en línea para «autoclasificarnos» y conocernos mejor como jugadoras.[7]

Aquí tenéis, por ejemplo, el resultado de mi «coeficiente Bartle»: 67 % exploradora, 53 % social, 40 % triunfadora y 40 % ambiciosa. No estoy muy convencida del resultado... En según qué juegos y según con quién juegue, mi vena ambiciosa puede superar el 60 %. ¡No lo dudes! De hecho, esta clasificación se basa en un tipo concreto de videojuegos y, por tanto, en algunas propuestas concretas puede resultar poco significativa. De todas formas, su simplicidad puede ser de utilidad para un primer acercamiento.

Amy Jo Kim,[8] inspirada por la taxonomía de Bartle, sustituye los perfiles de jugadoras por cuatro grandes grupos de verbos, segmentándonos por aquello que nos gusta hacer:

- **Colaborar:** donde las acciones preferidas están relacionadas con comentar, compartir, ayudar, dar, «megustear» (si me permites la expresión).
- **Competir:** en el que prevalecen las acciones de ganar, compararse, retar, mostrar...
- **Expresar:** donde se sitúan aquellas jugadoras que prefieren crear, decorar, construir, personalizar, escoger...
- **Explorar:** donde las acciones están relacionadas con coleccionar, votar, mirar, revisar...

La combinación de conductas y acciones realizadas puede darte una visión simplificada de cómo actuamos las personas en modo juego.

**Y eso me lleva a otra reflexión. Si bien es verdad que a cada persona nos puede gustar más un tipo de juego que otros, también es cierto que unos juegos propician una serie de conductas concretas. Es decir, el propio sistema de juego potencia qué tipo de jugadora vas a poner en marcha.**

Te pongo un ejemplo. ¿Conoces el juego de las balsas? En él se organiza a las personas en equipos y a cada equipo se le entrega una cartulina. Imagina que en cada equipo hay seis personas. Se colocan los diferentes equipos, con sus cartulinas en el suelo, en un extremo de la sala y se les cuenta la siguiente historia: «¿Veis estas cartulinas? Pues en realidad son vuestras barcas, con ellas tenéis que cruzar este mar hasta llegar a aquella isla [una línea colocada al otro lado de la sala]. Pero atención, debéis conseguir que llegue toda vuestra tripulación sin poner ni un pie fuera de la barca, ya que el mar está lleno de pirañas traicioneras. Tenéis un minuto para decidir vuestra estrategia. El tiempo empieza iya!».

No sé qué es lo que se te estará ocurriendo a ti, pero te aseguro que, en la mayoría de los casos en los que he propuesto este juego, los equipos se han puesto enseguida a competir para ver quién conseguía llegar primero a la isla imaginaria. Ahora bien, si te fijas, no he dicho en ningún momento que gana el equipo que llegue antes, sino, en todo caso, el equipo que consiga llevar a toda su tripulación sana y salva a la otra orilla, que será el que habrá superado el reto.

Éste es **un juego trampa**, ya que la propia propuesta de juego alimenta las ganas de competir de las jugadoras y pocas, muy pocas, se dan cuenta de que la única manera de resolver el juego es a través de la cooperación.[9] ¿Se entiende ahora lo que quiero decir con que el propio sistema de juego potencia el tipo de jugadora que vas a poner en marcha?

**En este sentido, lo interesante de las clasificaciones sobre los tipos de jugadoras es que, al relacionarlas con emociones, motivaciones, conductas y acciones, nos permiten tomar decisiones sobre cómo potenciar ciertas actitudes y comportamientos a través del diseño de nuestra propuesta lúdica. Es decir, es un viaje de ida y vuelta: las personas tenemos unas tendencias en cuanto a comportamientos y acciones motivadoras de los juegos que nos gustan, y, al mismo tiempo, los juegos nos motivan a desarrollar unos comportamientos determinados.**

Pero aún hay más. Hasta el momento hemos considerado nuestro colectivo desde la perspectiva de cómo se comportan, de lo que les gusta hacer. Pero también podemos considerarlo sobre la base de **sus conocimientos previos**, de manera que nuestras propuestas les permitan **personalizar su aprendizaje**. Me explico. Seguro que conoces más de un juego en el que la primera decisión que se te plantea es en qué nivel quieres jugar: ¿principiante?, ¿medio?, ¿avanzado? Esto lo empezaron a introducir de manera habitual los videojuegos con el objetivo de que no te aburrieras por resultarte demasiado fácil, pero tampoco abandonaras por su excesiva dificultad. El aprendizaje lúdico tiene en cuenta y facilita que cada persona se introduzca en la actividad desde el nivel que requiera.

Hay juegos en que primero examinan tus conocimientos previos y luego te sugieren en qué nivel empezar. Otros, en cambio, te dejan más libre y es la propia jugadora quien va a decidir y rectificar si su decisión no ha sido acertada. En el país de la ludicidad, el error forma parte del proceso y se considera en sí mismo un aprendizaje. Así que si eres demasiado optimista o demasiado prudente con tus competencias…, ¡ya lo descubrirás y rectificarás tú misma!

**Esta mirada sobre las competencias previas te va a permitir segmentar a tus destinatarias para garantizar que todas tengan un reto a su medida y que el trabajo colaborativo fluya.**

Por último, también debes conocer **con qué nivel de entusiasmo se ponen en juego las participantes**. Hay personas que se enganchan rápidamente a los juegos, incluso sin escuchar la palabra «juego». Son las que al plantearles un reto se ponen enseguida en marcha y no lo dejan hasta conseguir superarlo, y cuando lo tienen hecho piden más. Seguro que conoces personas así. Quizá tú misma eres una de ellas. A otras podemos considerarlas personas más «casuales». Es decir, aceptan los retos, se meten en la partida cuando se les propone y disfrutan de ella. Pero, seguramente, no salga de ellas, de entrada, pedir más. Y, por último, tenemos las reticentes. Aquellas que lo han de ver todo claro o muy claro y que, aun así, les cuesta asumir el reto.

 **Conocer el nivel de entusiasmo imperante entre tus destinatarias te ayudará también a saber qué fuerza has de poner en el embarque y cómo presentarles tu propuesta para que «funcione».**

En definitiva, has examinado a las personas que conformarán tu colectivo destinatario de jugadoras en tres niveles:

- lo que hacen / juegan con gusto y cómo se comportan;
- lo que conocen y saben hacer / jugar;
- el entusiasmo con que se ponen a hacer / jugar;

Y siempre, siempre debes mirar a tu colectivo para conocerlo cada vez mejor y poder ajustar tus acciones según tu mapa y tu brújula.

Te voy a contar ahora una anécdota de unas maestras poderosas.[10] Hace poco tuve la oportunidad de asistir como invitada a una clase de sexto de primaria que participaba en un juego de preguntas y respuestas por equipos. En total había diez grupos con seis personas cada uno y reinaba un clima de excitación máxima. Los grupos estaban muy empatados: nervios a flor de piel y entusiasmo a raudales. Seguro que te lo imaginas; los grupos levantaban la mano para responder a la pregunta antes incluso de que la maestra hubiese acabado de exponerla. Todos los grupos querían ganar. Una de las profesoras, la que apuntaba los resultados, estaba tensa por miedo a que la situación se les escapase de las manos. ¡No me extraña! A ésta voy a llamarla profe 1. A la otra, la que hacía las preguntas, se la veía divertida con la situación; la llamaré profe 2. La maestra que apuntaba, la profe 1, para intentar bajar la tensión, advierte al grupo de que es la última pregunta y que deben guardar silencio porque esa última pregunta va a ser decisiva y muy difícil. Chicas y chicos intentan contener los nervios, pero la tensión se mantiene, entre algún que otro grito y enfado. «Esto puede acabar como el rosario de la aurora», pienso yo. La profe 2 se pone muy seria y, con mucho teatro, lanza la pregunta esperada y... ¡resulta que es fácil!, casi podría decirse que es una pregunta «tonta». Las niñas y los niños se apresuran a contestar. La profe 1 mira con cara de asombro a la profe 2 y ésta comienza a reírse. Ellas y ellos captan el absurdo de la situación y se desconciertan. Toda la clase, incluida la profe 1, acaba riéndose como la profe 2. La tensión baja, el humor vuelve a reinar en el aula, la atención se recupera y se puede acabar el juego entre risas y compañerismo.

¿Qué ha pasado? Pues que las dos profes captaron perfectamente que sus alumnos se estaban, como poco, «desmadrando» y que la situación estaba a punto de complicarse. Pero una de ellas, conociendo a su alumnado y poniendo en marcha su actitud lúdica, ha sabido utilizar la sorpresa y el humor para bajar el suflé de la tensión. La otra ha confiado en ella y se ha sumado, a pesar del desconcierto inicial, a su manera de hacer. Entre las dos han formado un equipo excelente.

A diferencia de la Reina Blanca, estas profes confían la una en la otra y ven, conocen, aprecian y confían en su alumnado y saben utilizar la ludicidad para conducirlo.

**Ya ves que el profesorado «locúdico» acumula muchos poderes y hace crecer también esos poderes entre su alumnado. ¿Quieres una ficha de superheroína para ti? ¿Sí? ¿También para tu alumnado? ¡Pues eso lo arreglamos fácilmente! Es una herramienta interesantísima para conocer y para conocernos a nosotras mismas. Aquí tienes una idea de los apartados que puede tener, pero ya sabes que puedes adaptarla como mejor te convenga. Anímate a rellenar la tuya y luego pídele a tu alumnado que haga lo mismo con las suyas. Descubrirás a las auténticas superheroínas cotidianas que tienes a tu alrededor.**

GÉNERO

FECHA DE NACIMIENTO

LUGAR DE RESIDENCIA

CREENCIAS

RETRATO

SUPERPODERES

DEBILIDADES

ARMAS / HERRAMIENTAS

ORÍGENES

MOTIVOS DE LUCHA
(CONTRA QUÉ / PARA QUÉ)

FELICIDAD

PREOCUPACIONES

ENEMISTADES

ALIANZAS

Pues bien, ya tienes un buen tramo hecho. Más o menos y hasta aquí, éste es el camino recorrido en las dos últimas puertas:

A la salida, la Reina Blanca ha hecho un retrato precioso de ti. Extiende papeles y colores y te invita a cogerlos:

—Úsalos. Dibuja a las personas. Míralas, conócelas y crea efectos positivos sobre ellas. Te los regalo con una sola y solemne condición: piensa cada día seis cosas imposibles antes del desayuno.

Quinta puerta, ¡superada!

**Notas**

1 _ Si quieres leer sobre el tema, te recomiendo autores como J. Piaget, J. Bruner o R. Caillois.
2 _ Te recomiendo su libro *Psicología del niño* (1.ª edición en 1969 y última en 2015) escrito con Bärbel Inhelder y publicado por Ediciones Morata.
3 _ Te recomiendo su libro *El desarrollo de los procesos psicológicos superiores* (Barcelona, Planeta, 2012).
4 _ José Abellán es un creador de sistemas de aprendizaje lúdico con el que tenemos el placer de contar en Marinva. Puedes saber más de él en la web <ciudaddelasombra.net>.
5 _ Basado en la metodología Dragon Dreaming. Desarrollada por John Croft y Vivienne Elanta, se trata de diversas herramientas para el desarrollo de proyectos y organizaciones que se inspiran en el activismo social y ambiental, la nueva física, las geociencias, los sistemas vivos, la teoría del caos y la complejidad, y la antigua sabiduría sostenible de la cultura aborigen australiana. Sus autores defienden la creatividad, la colaboración y la sostenibilidad partiendo de una metodología sustentada sobre la base del crecimiento personal, la creación de comunidad y la protección del ecosistema.
6 _ Recuerda que ya te hablamos de Richard Bartle en la puerta 2.
7 _ Si te pica la curiosidad, puedes hacer el test en <www.gamerdna.com/quizzes/bartle-test-of-gamer-psychology>. Piensa que desde 1996, el año en que se publicó, ha sido utilizado por más de ochocientas mil personas. Sin duda, una buena base de datos para sus creadores.
8 _ Amy Jo Kim es una investigadora norteamericana y diseñadora de juegos sociales como Los Sims. Ha publicado varios libros, entre los cuales te recomiendo *Community building on the Web: Secret strategies for successful online communities* (2000), publicado por Peachpit Press.
9 _ No voy a darte la solución. Te propongo que lo juegues con tu alumnado y... ia ver quién consigue resolverlo!
10 _ Ciertamente, es una anécdota real. La viví en el colegio Jesuïtes Sant Gervasi, con alumnas de su proyecto Horizonte 2020, del que ya te he hablado en otras puertas.

Con tu reloj, tu sombrero, tu dado, tus postales, tu pañuelo y tus colores y papel vuelves al vestíbulo deseando reencontrarte con el Conejo Blanco.
Pero no hay rastro de él.

Vaya. En su lugar, encuentras un lirón dormido sobre una tetera. Tus pasos lo despiertan.

—No soy el que esperabas, ¿verdad? Me pasa a menudo. Te puedo regalar algo. O te puedo contar una historia, tal vez eso te cambie el ánimo. O las dos cosas. Empezaré con la historia: había una vez tres hermanas que vivían en un pozo de melaza y todo el día hacían dibujos de cosas que empezaban con eme. ¿Tú sabes dibujar? Veo que llevas papeles y colores... ¿Qué podrías dibujar tú con esa cond...?

El lirón no termina la frase y cae en un profundo sueño, cosa que aprovechas para pasar sigilosamente por esta puerta.

Lo vivimos en la puerta anterior y profundizaremos juntas en ésta: reflexionar, pensar, analizar, sentir lo que nos mueve a jugar, resulta clave. La gamificación, entendida como aprendizaje lúdico, busca claramente conectar con la **motivación** de las personas, sean niñas, jóvenes o adultas. Se trata de invitar a las participantes a que se involucren en aquello que les proponemos, que lo disfruten y lo repitan. Vamos a descubrir entonces qué podemos hacer para que nuestro alumnado entre en la partida… y se mantenga en ella. Y también el equipo docente, porque su motivación es igualmente básica para que la ecuación funcione. ¿Qué resorte o resortes nos accionan para ponernos manos a la obra? ¿Qué nos motiva y cómo funciona ese proceso que consigue que nos esforcemos y lo hagamos satisfechas y que, lejos de aburrirnos o dormirnos como el lirón, nuestra actitud se mantenga despierta y apasionada? Porque esas motivaciones van a ser las que nos permitirán convertir cualquier actividad en un juego. En la puerta anterior tienes ya algunas pistas, pero vamos a por más.

 **Se trata de descubrir por qué jugamos. O dicho de otra manera: ¿qué tienen los juegos para mantener nuestra atención y ganas de superar retos? ¿A qué motivación o motivaciones responden?**

Si te parece, cierra los ojos; bueno, puedes dejarlos un poco abiertos para leer, y recuerda algunas frases de la puerta custodiada por la Reina Blanca. Yo he elegido las siguientes:

> «No todas jugamos de la misma manera ni con las mismas motivaciones.»
>
> «Soy capaz de jugar durante tres o cuatro horas seguidas manteniendo la emoción y el entusiasmo.»
>
> «Los usuarios no son algo pétreo sino más bien algo eléctrico.»
>
> «Para que se sientan ilusionadas y seguras en su actuar, [es preciso] mantenerlas todo el tiempo necesario en el círculo mágico.»

> «[Algunas personas] adoran interactuar y formar parte de un equipo. [...] La experiencia social es más importante que sus propios avances y logros. [Otras personas] no pueden jugar sin competir y aniquilar al resto de las jugadoras. [A otras personas] les mueve la curiosidad. [A otras] les interesa actuar sobre el mundo, marcándose metas y superando obstáculos.»
>
> «Las personas tenemos unas tendencias en cuanto a comportamientos y acciones motivadoras de los juegos que nos gustan, y, al mismo tiempo, los juegos nos motivan a desarrollar unos comportamientos determinados.»
>
> «Nos gusta colaborar, competir, expresar y explorar.»

¿Qué denominadores comunes observas en estas frases? El primero, que ya has descubierto de la mano de la Reina Blanca, es que **las personas somos distintas**, somos dinámicas, y el segundo, que la motivación va de moverse, de actuar y de sentirse en un lugar donde queremos y podemos.

Así, la motivación es el motor que nos impulsa y nos permite alcanzar nuestras metas, sosteniendo nuestro esfuerzo. La motivación está, pues, muy ligada al deseo. Nos motivamos porque deseamos algo, aunque este algo se encuentre, como en el juego, en el mundo de lo simbólico. ¡Poderosa evidencia! Las ganas de alcanzar ese deseo nos ponen en movimiento. De hecho, la satisfacción, el placer que provoca el juego, es lo que nos motiva a repetirlo y a continuar jugando.

El juego se caracteriza, pues, por generar una **motivación intrínseca**: fuera del propio juego no se espera ninguna otra recompensa que el mismo placer de jugar. Recuérdalo: jugamos porque queremos, porque nos resulta interesante y nos llena de satisfacción. La propia actividad, por el placer que nos supone, actúa como recompensa. En el mundo del juego, el placer va asociado al esfuerzo que nos supone el deber que nos imponemos. Capacidad de esfuerzo, autodisciplina y perseverancia son palabras que, aunque a primera vista no lo parezca, van asociadas a la satisfacción que proporciona el juego. ¿Recuerdas las palabras de Huizinga sobre **el gozo** que descubriste en la tercera puerta? Pues estamos volviendo a ellas.

Ésta es una de las claves de la **m**otivación que también es crucial en el juego: para alcanzar la **m**eta debemos poner lo **m**ejor de nosotras **m**ismas, y ahí reside una gran parte del placer y la satisfacción. Sea como sea, la **m**otivación necesita también que el reto o **m**eta que debemos alcanzar sea posible. Debe percibirse como algo difícil o costoso, pero siempre viable. Si la percepción del que juega es que aquello es inalcanzable o excesivamente complicado, la **m**otivación suele desaparecer **m**ás o **m**enos rápidamente y con ella sobreviene el abandono del juego. Esto no pasa solamente en el juego, sino en cualquier actividad que nos suponga un reto. Puede ser un aprendizaje o correr un **m**aratón.

 **Podemos decir entonces que los tres verbos característicos de la motivación y que asociamos también al juego son: yo deseo algo y me esfuerzo por conseguirlo porque reconozco que puedo llegar a mi objetivo.**

Por otro lado, cuando hablamos de **motivación extrínseca**, nos orientamos a actuar con el objetivo de conseguir una recompensa que no está directamente relacionada con la actividad que realizamos. Nos referimos, por ejemplo, al dinero, la posición social o el reconocimiento. Es decir, recompensas fuera del juego. En este caso, al conseguir el premio, la actividad se desecha.

En cambio, si el premio es la propia actividad, nos acercaremos a ella con otro ánimo y, en consecuencia, podremos **m**antener nuestra capacidad de esfuerzo de **m**anera **m**ás prolongada. Si el juego sintoniza con nuestras **m**otivaciones internas, nos atrapará. Las **m**otivaciones pueden ser, en efecto, **m**uy diversas según la personalidad y gusto del jugador –o en nuestro caso, del alumnado–, según el **m**omento o el tipo de **m**eta que nos propongamos alcanzar. Pero es a ésas a las que debe prestar especial atención un proyecto gamificado.

 **¿Te pica la curiosidad por saber cuántas palabras comienzan por eme? Hace rato que te las voy marcando. Seguro que no te ha pasado inadvertido. ¿Prefieres contarlas ahora o al acabar el capítulo? Si las cuentas ahora, apúntalas en esta misma página.**

 **Sin duda, apelar a la motivación intrínseca es tu objetivo, pero, a veces, gracias a la motivación extrínseca participamos en actividades que pue-**

den convertirse en nuevas aficiones, o descubrimos los beneficios de un comportamiento determinado o lo **m**ucho que nos gusta un alimento que no habíamos probado nunca. Saber cuándo y cómo utilizar cada una de ellas pasa a ser otra de las nuevas artes que debemos dominar.

Te presento a **Kevin Werbach**.[1] **M**e gusta el **espectro de la motivación**[2] que dibuja. Va desde la **m**ás pura desmotivación hasta la **m**otivación intrínseca. Te propongo recorrer brevemente ese abanico y pararnos en los cinco grandes **m**omentos que Werbach determina:

- **Desmotivación** (*amotivation*) es cuando las destinatarias no tienen **m**otivación alguna. Son totalmente indiferentes a la actividad que se les propone.
- **Regulación externa** (*external regulation*) es cuando las destinatarias en realidad no quieren hacer algo o se **m**uestran indiferentes, pero lo hacen porque alguien se lo dice y obedecen.
- **Introyección** (*introjection*): ésta se produce cuando tomamos **m**otivadores externos y los hacemos nuestros, fantaseando sobre cómo influirá nuestra acción sobre lo que las demás pensarán de nosotras. ¿Provocaremos su cariño?, ¿su admiración?, ¿su respeto?
- **Identificación** (*identification*) es cuando tomamos **m**otivadores externos y los hacemos nuestros, no tanto por lo que pensarán las demás, sino porque vemos un valor en ellos. De alguna forma, están alineados con nuestras propias **m**etas personales.
- **Motivación intrínseca** (*intrinsic motivation*) alude a aquellas situaciones en que las usuarias hacen algo porque realmente quieren, porque es gratificante en sí **m**ismo. No se necesita nada externo para conseguirlo.

**Tal vez te estés preguntando: ¿y qué nos motiva a las personas? ¿Por qué algunas veces conseguimos entrar en el deseado «círculo mágico» y otras no?**

**Ahora que ya hemos compartido una primera visión de la motivación y su espectro, definamos qué es el círculo mágico. Es un término que acuñó Johan Huizinga** en *Homo ludens*, **y que habla de un espacio limi-**

nal –imaginario o **material**– en el que **las personas participantes, de forma pactada, fijan unas reglas para que el juego ocurra en su plenitud.** Es un espacio seguro y protegido del **m**undo real, que permite una posición psicológica particular, donde no somos juzgadas y nos sentimos libres y seguras para actuar.

Aunque el círculo **m**ágico protege al **m**undo del juego del **m**undo real, no aísla estos dos **m**undos. Yo puedo estar inmersa en la seriedad de una partida de Carcassonne y atenerme a sus reglas, pero sé perfectamente que estoy jugando y que aunque consiga ser la jugadora con **m**ás posesiones, **m**i situación financiera no va a variar para nada. Y, sin embargo, juego con pasión.

**El círculo mágico se rompe cuando las reglas del mismo juego son transgredidas a propósito por una o más jugadoras o, simplemente, cuando el juego se acaba. Así, nos tiene que motivar entrar en él y éste tiene que procurar mantenernos dentro. Por eso, el siguiente paso será aprender qué nos motiva a las personas o, mejor dicho, que nos mantiene motivadas.**

Si te parece, para descubrir y fijar qué nos **m**otiva a las personas, vamos a dar un pequeño paseo por distintos autores, primero los «clásicos» y, luego, otros autores que llevan puestas las gafas del juego y la gamificación. De esta **m**anera extraeremos juntas unas primeras conclusiones que nos orienten en nuestras propuestas de aprendizaje lúdico.

¿Recuerdas a **Abraham Maslow**?[3] Este psicólogo humanista dibujó una pirámide[4] en la cual se nos **m**uestra que los seres humanos tienen necesidades estructuradas en diferentes estratos, de tal **m**odo que las necesidades secundarias o superiores van surgiendo a **m**edida que se satisfacen las **m**ás básicas. Así, de la base en donde coloca **necesidades elementales** como la alimentación, el descanso, el sexo, etc., asciende a la **necesidad de seguridad**, de **pertenencia**, de **reconocimiento**, para acabar en la parte más alta de la pirámide con la **necesidad de autorrealización**. Este autor es un referente para investigadores como Daniel Pink o Amy Jo Kim, a quienes te presentaré **m**ás tarde. Ellos establecen paralelismos entre la pirámide y su correlación con comportamientos específicos ante determinados elementos de juego.

Pero antes de seguir **m**e gustaría presentarte a **Frederic Skinner**[5] (a quien seguro que ya conoces). La teoría de Skinner, el conductismo radical,[6] no tiene en cuenta las necesidades innatas, sino que **se centra exclusivamente en las condiciones externas / refuerzo para manipular y moldear el comportamiento de las personas**. En esencia, los reforzadores condicionados (representados por lo general por «puntos» y «**m**edallas»[7] en algunos proyectos gamificados) se aprenden, y se convierten en el **m**otivador. En la escuela y en otros **m**uchos entornos se utilizan habitualmente incentivos como elementos de **m**otivación extrínseca. De hecho, las notas no dejan de ser uno de estos **m**otivadores.

No pocas dinámicas de juego se han desarrollado utilizando los principios de la obra de Skinner, debido a que es un sistema de puntos o una dinámica de progresión y niveles que pueden ser **m**uy interesantes en determinadas situaciones.

**Ahora bien, se trata de elementos que por sí mismos no son gratificantes y que, además, en caso de usarse inadecuadamente, pueden funcionar en contra de la propuesta. Es decir, puedo llegar a interiorizar que hago aquello que se me pide sólo cuando «se me motiva» con algún tipo de gratificación y, por lo tanto, cuando no recibo esa gratificación, simplemente dejo de hacerlo. Es decir, leo mientras me premies con algo que me interesa y, si dejas de premiarme, dejo de leer. Lo que me interesaba era el premio, no la lectura en sí misma.**

Como te decía anteriormente, puede pasar que, al leer con el objetivo de conseguir el premio, tus destinatarias acaben aficionándose a la lectura y descubriendo que les gusta leer. Entonces, conocer el objetivo de impacto del premio que has propuesto resulta imprescindible para valorar el éxito o fracaso de tu acción.

Observando la teoría de Skinner, por ejemplo, sería posible programar una recompensa para obtener un comportamiento determinado entre nuestro alumnado o entre el colectivo docente. Por ejemplo, el punto extra del que hablamos en la puerta 4 para **promover** la lectura, o incluso una cuenta atrás para conseguir que se lea en el plazo de tiempo que hemos determinado. El punto extra, en este caso, lo hemos programado como una recompensa de **intervalo**

**fijo**, es decir, cada vez que hagas A, conseguirás la recompensa B. Como en el Monopoly, donde cobras 200 euros cada vez que pasas por la casilla de salida. ¿Me explico?

Sin embargo, cuando se trata de **reforzar** comportamientos o incluso conductas, lo que se llama **intervalo variable** puede resultar bastante más eficaz, tanto que puede llegar a ser el responsable de muchas formas de adicción a los juegos, incluidos los juegos de azar, en los que nunca sabes cuándo te va a llegar el premio.

Pero vamos con ejemplos más inofensivos, como el Monopoly. En este caso, el intervalo variable estaría representado por las cartas de la suerte, porque no sabes cuándo vas a poder coger alguna, ni qué tipo de suerte van a traerte. ¿Podrás desplazarte hasta la casilla de tu elección o te va a tocar la lotería? Otro ejemplo de gratificación a intervalos variables puede ser el WhatsApp. No sé tú, pero yo, si no me controlo, tengo tendencia a mirarlo compulsivamente, para comprobar si me han llegado mensajes o si me ha llegado ya «el mensaje» que esperaba. La incertidumbre sobre la posibilidad de conseguir algo mantiene activa nuestra motivación.

En el ejemplo de la lectura, se trataría de, una vez incorporado el hábito, reforzarlo con alguna gratificación aleatoria. Por ejemplo, poder escoger un libro «no obligatorio» de tu autora preferida. O cinco o diez puntos extra en vez de uno, como las galletas de la suerte.

Vamos con **Steven Reiss**,[8] autor que a partir de la pregunta «¿Qué hace feliz a una persona?» descubrió que hay **dieciséis necesidades y valores esenciales, los «deseos básicos»**, y que según él son impulsos que motivan a todos los humanos, porque forman parte de nuestra naturaleza, aunque los prioricemos de manera diferente. Aquí los tienes: aceptación, curiosidad, comer, familia, honor, idealismo, independencia, orden, actividad física, poder, romance, ahorro, contacto social, estado social, tranquilidad y venganza (como necesidad de contraatacar a alguien).

 ¿Cuál sería tu priorización? ¿Y la de tu alumnado o tu equipo de trabajo? ¿Hay más coincidencias que divergencias, o al revés?

| YO | OTRAS |
|---|---|
| 1 | 1 |
| 2 | 2 |
| 3 | 3 |
| 4 | 4 |
| 5 | 5 |
| 6 | 6 |
| 7 | 7 |
| 8 | 8 |
| 9 | 9 |
| 10 | 10 |
| 11 | 11 |
| 12 | 12 |
| 13 | 13 |
| 14 | 14 |
| 15 | 15 |
| 16 | 16 |

Ahora es el turno de **Edward L. Deci**,[9] que también ha investigado sobre la motivación. Sus investigaciones concluyen que, si bien las recompensas incrementan en mayor o menor grado la motivación en caso de tratarse de tareas repetitivas o aburridas, cuando las tareas parten o necesitan del **pensamiento creativo, las recompensas** no sólo no ayudan sino que incluso **suelen perjudicar.**

Un aspecto que me parece muy relevante de sus experimentos es la constatación de que, como te decía, en tareas en donde el pensamiento creativo resultaba importante, **los grupos que no obtenían ningún tipo de recompensa conseguían mejores resultados.** Sorprendente, ¿verdad? De hecho, según sus investigaciones, todo apunta a que **cuando la motivación interna se sustituye por una recompensa, la creatividad disminuye.**

Otro aspecto que se constata es que las recompensas no sólo no mejoran los resultados, sino que animan a las personas a buscar atajos. Dicho de otro modo: ¡animan a hacer trampas! En este caso, actividades centradas en ese tipo de incentivos, aunque persigan un objetivo legítimo, pueden llevarnos a impactos indeseados. Y más teniendo en cuenta el carácter sumamente competitivo de nuestra sociedad. Volviendo a las notas, hacer trampas en los exámenes sería uno de esos comportamientos no deseados que este incentivo alimenta.

Deci elaboró junto con **Richard M. Ryan**[10] la **teoría de la autodeterminación**, conocida como SDT por sus siglas en inglés, que corresponden a «Self-Determination Theory». Ésta se basa en la idea de que todas las personas, por nuestra propia naturaleza, actuamos movidas por **tres necesidades psicológicas innatas**,[11] y sólo **cuando conseguimos satisfacer estas necesidades, se activa nuestra motivación y somos productivas y felices**:

- **Competencia:** buscamos controlar lo que hacemos, experimentar el dominio de nuestras habilidades.
- **Autonomía:** buscamos ser las directoras de nuestra propia vida.
- **Relaciones:** buscamos interactuar, estar conectadas y preocuparnos por las demás.

El último autor al que estudiaremos en esta puerta, antes de dar paso a los que ya específicamente relacionan motivación y gamificación, es el doctor **Martin Seligman**,[12] conocido por sus aportaciones a la psicología positiva.[13] Al investigar qué es lo que contribuye al bienestar de las personas, Seligman identifica **cinco componentes comunes a todas las personas que afirman sentirse felices**.[14] Él mismo nos advierte que estos cinco elementos no son exclusivos ni exhaustivos, de manera que se combinan o enfatizan según cada persona. Vamos a conocerlos:

- **Emociones positivas** (*positive emotions*): comienza por reconocer sus beneficios en nuestra salud e incluso en las relaciones con otras personas. Ése es el primer paso para desarrollar las habilidades necesarias para aumentar estas emociones positivas a lo largo de nuestra vida: debemos fijar nuestra atención en ellas tanto en el pasado como en el presente y visualizarlas en el futuro.

- **Compromiso** (*engagement*): el que establecemos con nuestra propia persona para desarrollar esas habilidades, reforzando nuestros puntos fuertes con el objetivo de desarrollar el mayor número posible de experiencias óptimas. Este compromiso requiere sumergirnos en la tarea hasta que ésta nos absorba y el tiempo desaparezca, en lo que se llama «flujo de conciencia» y que conocemos también como *flow*.[15]
- **Relaciones** (*relationships*): todo indica que la percepción de bienestar está íntimamente relacionada con la cantidad de tiempo que pasamos con otras personas en contextos agradables. Se trata, pues, de dedicar tiempo a nutrir las relaciones.
- **Sentido** (*meaning*): búsqueda de aquello que nos trasciende. Del sentido, significado y propósito de nuestra vida. De los objetivos que me mueven y el lugar que ocupo en el mundo.
- **Logro** (*accomplishment*): establecer metas que motiven el crecimiento y desarrollo de nuestras capacidades.

**A mí, personalmente, esta mirada positiva de la psicología me ayuda a alimentar mi propia actitud lúdica y a enriquecer todavía más, si cabe, el sentido y propósito del aprendizaje lúdico en el que nos vamos introduciendo.**

Ahora imagina otro grupo de autoras que, sabiendo todo esto, entran en escena mirando la motivación desde la perspectiva de la gamificación y el aprendizaje lúdico. Voy a presentártelas.

Empiezo con **Mihály Csíkszentmihályi**.[16] Recordar su nombre es ya un reto; pero a ti te resultará fácil porque nos hemos encontrado con él en puertas anteriores. Su gran aportación se cifra en los estudios y reflexiones sobre el *flow*, «flujo» en castellano: **un estado óptimo de motivación intrínseca, donde las personas se hallan totalmente inmersas en lo que están haciendo**. ¿Recuerdas qué otro autor de los que hemos mencionado en esta puerta habla también de ese concepto? Tic, tac, tic, tac...[17]

Aunque el flujo es un estado mental sumamente deseable, no resulta nada fácil entrar en él. Parte de la razón es que hay una discordancia inherente a los deseos de la gente. En una charla TED pronunciada en 2006, Anthony Robbins[18] nos habla de las seis necesidades emocionales de los seres humanos. La primera es la necesidad de seguridad; pero, paradójicamente, la segunda es la necesidad de incertidumbre, lo que entra en conflicto con la primera necesidad. **Por tanto, hay una línea muy fina entre la certeza y la incertidumbre, y es precisamente el estado de flujo** del que habla C_____. ¿Completas su nombre? Un buen entrenamiento para la memoria.

A la mayor parte de la gente le encanta estar en la zona de control que le da un sentido de seguridad y protección. Pero esa misma gente también odia el aburrimiento. Así, en el diseño de ese estado de *flow* es importante tener en cuenta que, a medida que adquirimos habilidades, si la tarea no se torna más difícil, avanzaremos hacia un estado de relajación/aburrimiento que nos sacará irremediablemente del juego o de lo que estemos haciendo.

Encontrar las tareas que tengan el nivel adecuado de desafío, en consonancia con las habilidades de nuestro público, de forma que no resulten demasiado fáciles (aburridas) ni demasiado duras (frustrantes), es lo que hace del aprendizaje lúdico todo un reto. Así, la aparente paradoja de la motivación humana es encontrar esa fina línea entre la seguridad y la incertidumbre.

Csíkszentmihályi señala **ocho componentes** que hacen posible el flujo:

- **Tarea realizable:** debo sentir que esa tarea me reta, pero que voy a ser capaz de realizarla. Me debe costar esfuerzo, pero he de sentirme capaz. Es decir, no debe ser demasiado fácil, ya que me aburriría, ni demasiado costosa porque la abandonaré. Éste es uno de los retos diarios a los que nos enfrentamos como educadoras y líderes de equipos.
- **Concentración:** esa dificultad requerida me obliga a emplear toda mi energía, tanto física como mental, en realizar la tarea, de manera que las distracciones desaparecen de mi alrededor.
- **Objetivos claros:** son fundamentales. Debo saber qué se espera de mí para decidir qué es lo que quiero hacer y cómo hacerlo.
- *Feedback* **o retroalimentación:** cuanto más inmediata, mejor, ya que esa retroalimentación va a ser mi brújula para saber si lo que estoy haciendo me acerca al objetivo buscado o, por el contrario, me aleja. Este continuo *feedback* es lo que me mantiene en el estado de flujo.
- **Participación sin esfuerzo:** he aquí uno de los aspectos más mágicos. El propio nivel de concentración, así como la retroalimentación y la ilu-

sión por alcanzar el objetivo (de lo que me siento capaz), permiten mantener el esfuerzo sin esfuerzo. Es decir, ese esfuerzo no pesa ni me roba energía, sino que me la da o, como mínimo, me la conserva, de manera que me mantengo en el juego o en la actividad sin esfuerzo alguno.

- **Control sobre las acciones:** me siento autónoma en la ejecución de la tarea. Mantengo, en todo momento, el control sobre lo que estoy haciendo.
- **Desaparición de la preocupación por uno mismo:** nada me distrae, ni siquiera mi propia persona. La tarea que me propongo es lo único que me importa y en lo único que pienso en ese momento.
- **Pérdida del sentido del tiempo:** cuando estoy en estado de flujo, el tiempo desaparece. Pasa volando. Las horas parecen minutos y todo pasa muy rápido.

¿En qué tareas sueles entrar en *flow*? Yo te podría contar alguno de los desastres que obré en mi cocina, cuando sumergida en alguna de mis tareas, como por ejemplo el acabado de una presentación (que me estaba quedando chulísima), el tiempo se me pasaba muy rápido y sólo salía de mi estado de concentración cuando mi olfato identificaba el olor característico de algo quemándose.

Realmente es emocionante entrar en un aula y ver al alumnado en estado de flujo. Seguro que has vivido experiencias así, en ti misma y en la propia aula. Ese momento en que el nivel de concentración y entusiasmo en la tarea es tan alto que hasta las propias alumnas y alumnos te piden no bajar al patio para poder continuar y acabar lo que están haciendo. ¿Y si ésa fuera la norma? Un alumnado ansioso por aprender y concentrado con entusiasmo en sus tareas. Que aprende de forma colaborativa, a partir de su experiencia y sin reparar en el esfuerzo. Es el sueño de todo educador, y es lo que vivimos cuando encontramos sentido a lo que hacemos, cuando esto nos supone un reto y cuando nos sentimos capaces de realizarlo. Los tres verbos de la motivación.

Seguimos con **Daniel Pink**,[19] quien parte de la hipótesis de que en la sociedad moderna, donde los niveles inferiores de la jerarquía de Maslow están más o menos satisfechos, las personas buscan otro tipo de motivaciones de orden intrínseco. Estos motivadores intrínsecos son precisamente los metamotivadores a los que **M**aslow se refiere en el nivel de autorrealización. Esto Pink lo une a la teoría de la autodeterminación de Deci y Ryan y, ¡bingo!, esto le permite establecer las dinámicas y **m**ecánicas de juego que satisfacen esas **m**ismas necesidades. Así, nuestro amigo Pink relaciona los tres elementos de la **teoría de la autodeterminación** (autonomía, relación y **m**aestría), y a ello le suma la finalidad o propósito, dando así lugar al **m**odelo **RAMP**, que dice que las personas, para sentirnos **m**otivadas, necesitamos:

- **Relación** (*relatedness*). Se refiere al sentido de pertenencia. Formo parte de un grupo de personas, con quienes quiero colaborar y cooperar, relacionarme. Pero también quiero **m**antener **m**i especificidad. Quiero ser especial y diferente.
- **Autonomía** (*autonomy*). Confío en **m**í y controlo **m**is acciones. Puedo realizar tareas sola, sin ayuda.
- **Maestría** (*mastery*). **M**e siento capaz y con ganas de **m**ejorar **m**is competencias, de seguir creciendo y afrontar nuevos retos.
- **Propósito** (*purpose*). Entendido como finalidad. Podríamos asociarlo al verbo «quiero»: quiero aprender, hacer ejercicio, viajar por el **m**undo; quiero aplicar cultura lúdica a **m**i escuela… y estoy **m**otivada para ello.

**Te propongo que pienses en dos cosas que te den energía, que te motiven, simplemente al levantarte por la mañana. Piensa también en dos cosas que no lo hacen en absoluto y escríbelas por separado en cada una de estas baterías. Ahora pinta en color verde los niveles de energía que consigues con algunas de ellas y en color rojo el nivel de energía que pierdes con las otras. El rojo siempre impone, ¿verdad?**

**A continuación, escribe en el recuadro que tienes después qué haría que esas rayitas rojas se transformaran en rayitas de color verde. Por ejemplo, si a mí me quita energía ver lo lleno que va el autobús, ¿qué puedo hacer para que eso, en lugar de quitarme energía, me la conserve o incluso me dé más? Porque, créeme, hay personas a las que les da energía viajar en un autobús repleto de personas.**

Ahora que tienes tus baterías al **m**áximo, le toca el turno a **Amy Jo Kim**.[20] Esta autora nos habla de la experiencia en los juegos a partir del aprendizaje, su práctica y hasta su dominio e **influencia en la cohesión y en el compromiso social**. Esto último es lo que Jo Kim cree que sostiene el interés a lo largo del tiempo: el ayudar a las personas es la auténtica clave de la **m**otivación.[21]

En la primera etapa de un juego (**aprendizaje**) se produce la primera conexión, el descubrimiento. Al final de ésta, la jugadora tiene una agradable sensación. Es el gran **m**omento de las recompensas externas, como puntos e insignias, que favorecen la sensación de éxito.

La segunda fase (**práctica**) busca que la jugadora **m**aximice su aprendizaje e incorpore hábitos con un buen estado de ánimo. Se puede dividir el trabajo en tareas **m**ás pequeñas y dar confianza en la adaptación a las habilidades de cada persona.

En la tercera fase se produce el **dominio**, y entonces se puede dar el enriquecimiento de la experiencia **m**ediante la adopción de un comportamiento altruista, obteniéndose así el reconocimiento y estima de la persona; en algunas propuestas, éste puede ser también el **m**omento de que las propias usuarias se **m**uestren creativas e inventen características.

**Nicole Lazzaro**,[22] una importante diseñadora de juegos y psicóloga especializada en los aspectos emocionales de los juegos, distingue cuatro tipos de diversión, así como los conceptos asociados a cada uno, en lo que ella llama 4Keys2Fun. Es decir, propone su propia teoría de lo que **m**otiva a las personas:

- **La diversión «fuerte»** se encuentra en retos o puzles, que se consideran **placenteros** por el simple hecho de haberlos resuelto. La experimentan aquellas jugadoras que se sienten **m**otivadas por **retos, obstáculos y objetivos**. Sirven para ponerse a prueba, para **buscar límites**, teniendo en cuenta la propia habilidad y dejando a un lado el azar. Provocan emociones como la frustración o el *fiero*, palabra italiana que significa «orgullo»; en el diseño de juegos, es un concepto que describe el sentimiento que se produce cuando se ha logrado vencer una adversidad.
- **La diversión sencilla** es aquella que disfrutamos relajadamente; es una forma de **aliviar la tensión** sin complicarnos en exceso. **Exploramos el juego m**ovidas por la curiosidad, esperando al **m**ismo tiempo encontrarnos con sorpresas o **m**isterios (éste es el elemento de «enganche»). Las personas se sumergen en el juego cuando se sienten absorbidas por una aventura que les parece excitante.
- **La diversión seria**, también conocida como «diversión experimental», es aquella que asociamos con el hecho de **probar a ser nuevas personas o experimentar nuevas sensaciones**. Aquí la percepción, el comportamiento y el pensamiento se combinan, provocando emociones y sensaciones como la excitación o el alivio. A veces se utiliza como terapia, ya que hay personas que se sienten **m**ejor durante el desarrollo del juego y con posterioridad a éste.
- **El factor ligado a la gente es lo que denominamos diversión social**, el tipo de diversión que depende de la interacción con los demás (aunque

ésta sea competitiva). Están definidos unos sentimientos muy concretos. Por un lado, la *Schadenfreude* –palabra alemana que no tiene traducción en otros idiomas y que quiere decir «alegría sentida por la desgracia de otras personas»– aparece como el más «negativo» y, por otro, el más «positivo» es el llamado *Naches,* término yidis que expresa el gozo por el éxito obtenido por un hijo o un aprendiz; se trata de una palabra que ya forma parte del bagaje común del diseño de juegos. Los juegos multijugador son los que mejor reflejan este tipo de diversión.

Demos ahora la bienvenida a **Yu-Kai Chou**.[23] En su Octalysis[24] nos habla de ocho motivadores o impulsores básicos:

- significado,
- realización,
- empoderamiento,
- propiedad,
- influencia social,
- escasez,
- azar,
- pérdida.

Cerraremos esta puerta con alguien que rompe la baraja. No, no es el Sombrerero. Se trata de **B. J. Fogg**.[25] Fogg no cree que el mérito de que la usuaria se involucre en la actividad sea exclusivamente obra de la motivación, sino que apuesta por la combinación de tres factores: **motivación, capacidad y disparadores**, que actúan al mismo tiempo.

El **modelo de comportamiento Fogg (FMB)**[26] es una herramienta que permite analizar **por qué y cómo las dinámicas y mecánicas de juego son capaces de provocar acciones y comportamientos**. Parte de la base de que éstas pueden influir positivamente en el comportamiento humano si están diseñadas para conducir a las jugadoras por encima del umbral de activación (esa fina línea entre la seguridad y la incertidumbre de la que hablábamos anteriormente)[27] y para desencadenar acciones concretas.

Según el FMB, el comportamiento humano es resultado de la convergencia temporal de tres factores:

1. El **disparador o acción** que desencadena el comportamiento. Por ejemplo, una llamada que incita al alumnado a participar en la actividad propuesta. Puede haber sido producida por una sorpresa, por un reto, una narrativa...
2. La **motivación de la usuaria,** la predisposición a participar por voluntad propia en la actividad propuesta. Significa que la acción que actúa como disparador debe tener sentido para la destinataria y conectar con algún interés propio.
3. La **capacidad o habilidad** para llevar a cabo la actividad propuesta. Se trata de sentir que somos capaces.

Según Fogg, la **simplicidad** es muy importante a la hora de cambiar un comportamiento. Un elemento que incite a la acción a una usuaria llevará consigo una mayor motivación para participar a largo plazo en la actividad que se le proponga.

Fogg también considera esencial **ayudar a la usuaria** en la tarea encomendada. Aunque se intente forzar la motivación de la usuaria, si ésta no quiere desarrollar la actividad propuesta, no lo hará. De eso seguro que tienes experiencias. Por eso es importante servirse de acciones desencadenantes o de disparadores que preparen la motivación de la usuaria. De manera que, según la propuesta de Fogg, un buen disparador y un reto potente y pleno de sentido facilitarán la puesta en marcha de la motivación. Este modelo hace hincapié en la necesidad de que los tres componentes, motivación, capacidad y disparador, estén en equilibrio para que el comportamiento de la usuaria se produzca conforme al plan inicial.

¿Cómo está ahora mismo tu motivación para atravesar las siguientes puertas? Sin duda, los descubrimientos de esta puerta han sido intensos. ¿Qué te parecería parar unos minutos y resumir las ideas que te han parecido más interesantes?

Hay autores que hablan de cinco grandes motivaciones, otros de tres, otros de dieciséis deseos básicos. Algunos nos dan pistas sobre la motivación intrínseca, otros nos explican el cómo y porqué de la motivación extrínseca. En todo caso, hay ideas que se mantienen en todas las aproximaciones. Tómate tu tiempo y dibuja tu propio mapa mental.

**M** de **m**otivación, de **m**isión, de **m**ovimiento y de **m**ágico. No puedes dejar de pensar en palabras que empiezan por eme para contárselas al lirón. ¿Has contado cuántas has leído? Busca la solución en la siguiente página y encuentra el lirón a la salida. ¡Está despierto!

—¿Ves este timbre? Me despierta, me empuja a hacer cosas, me activa. Te lo regalo. Sólo te pido que dibujes cinco cosas que te gusten muchísimo y empiecen con eme. Y si vuelves a ver a la Reina Blanca, muéstraselas. Le gustará.

Solución: Hasta la primera pregunta hay 60 emes y, en total, 313 (teniendo en cuenta las de todo el capítulo).

**Sexta puerta, ¡superada!**

**Notas**

1 _ Kevin Werbach es profesor asociado de Estudios legales y ética empresarial en la Universidad de Pensilvania. Esther Hierro, a quien te he presentado anteriormente, ha sido alumna suya en el curso sobre gamificación que Coursera organiza anualmente, y yo me he aprovechado de su saber en esta puerta.

2 _ Puedes saber más a través de la publicación *Gamificación: revoluciona tu negocio con las técnicas de los juegos* (Pearson, 2013), de la que es autor el propio Werbach, junto con Dan Hunter.

3 _ Abraham Maslow (1908-1970): nacido en California, es el fundador y principal exponente de la psicología humanista.

4 _ La primera vez que Maslow presenta su propuesta de jerarquía de necesidades, organizadas en forma de pirámide, fue en *A Theory of Human Motivation*, publicado en 1943. En *Motivación y personalidad* (Madrid, Díaz de Santos, 1991) puedes ampliar esta información.

5 _ Frederic Skinner (1904-1990), nacido en Pensilvania, es psicólogo investigador y filósofo social. Conocido por su teoría del «conductismo radical», como él mismo lo llamó.

6 _ Puedes saber más leyendo *Más allá de la libertad y la dignidad* (Barcelona, Martínez Roca, 1998).

7 _ Hablamos ya de puntos y medallas en la puerta 3.

8 _ Steven Reiss (1947-2016), estadounidense. Profesor emérito de Psicología y Psiquiatría por la Universidad de Ohio. Conocido por sus estudios sobre nuevos métodos de evaluación e investigaciones en torno a los trastornos de ansiedad, las discapacidades del desarrollo, la motivación intrínseca y la psicología de la religión.

9 _ Edward L. Deci (1942), también estadounidense, es profesor de Psicología en la Universidad de Rochester y creador junto con Richard M. Ryan de la teoría de la autodeterminación.

10 _ Richard M. Ryan (1953), nacido en Estados Unidos, es psicólogo clínico y profesor de investigación en la Universidad de Rochester.

11 _ Es decir, no aprendidas.

12 _ Martin Seligman (1942), nacido en Estados Unidos. Profesor de Psicología en la Universidad de Pensilvania, fue elegido presidente de la American Psychological Association en 1998. Investiga los fundamentos psicológicos del bienestar y la felicidad.

13 _ La psicología positiva estudia los fundamentos del bienestar psicológico y la felici-

dad. Martin Seligman es uno de sus más relevantes investigadores y autor de *La auténtica felicidad* (Barcelona, Ediciones B, 2017).

14 _ Estos cinco componentes se conocen como modelo PERMA: *Positive emotions Engagement, Relationship, Meaning* and *Acomplishment*.

15 _ Sigue leyendo y sabrás más de este concepto.

16 _ M. Csíkszentmihályi, nacido en Rijeka (Croacia) en 1934, es profesor en la Universidad de Chicago. Puedes saber más sobre sus investigaciones y reflexiones en *Fluir (flow): una psicología de la felicidad* (Barcelona, Debolsillo, 2011). A mí me resultó apasionante y muy útil.

17 _ Sí, Martin Seligman. ¡Todo está conectado!

18 _ Anthony Robbins (1960), estadounidense. Se presenta a sí mismo como formador motivacional, experto en el campo de la psicología de la mejora personal y profesional del liderazgo y de la negociación. Su charla se titula *Why we do what we do* (puedes poner los subtítulos en castellano).

19 _ Daniel Pink (1964), también estadounidense, ha publicado diversos libros sobre ciencias del comportamiento y ha sido coproductor de la serie de televisión de ciencia social del National Geographic Channel, que salió en antena en 2014-2015.

20 _ Amy Jo Kim: ¡te debe sonar su nombre de la puerta anterior!

21 _ Amy Jo Kim, *Community building on the web: Secret strategies for successful online communities*, Peachpit Press, 2006.

22 _ Nicole Lazzaro funda en 1992 y preside actualmente XEODesign, una consultora especializada en gamificación y radicada en California.

23 _ Yu-Kai Chou (1986): autor y ponente en conferencias a escala internacional. Es uno de los pioneros en el ámbito de la gamificación; su trabajo en la industria empezó en 2003.

24 _ Octalysis: *framework* formado por un octógono que sirve para entender la naturaleza humana y los motivadores positivos que, en nuestro caso, animarán a los alumnos a aprender de la mejor manera posible.

25 _ B. J. Fogg es científico y fundador del Persuasive Tech Lab en la Universidad de Stanford. Participa también en proyectos enfocados en el uso de la tecnología para cambiar los comportamientos de manera positiva. Te recomiendo su artículo «A behavior model for persuasive design», perteneciente al libro *Proceedings of the 4th international Conference on Persuasive Technology*, publicado por la Association for Computing Machinery en 2009.

26 _ FMB es el acrónimo de *Fogg's Behavior Model*.

27 _ Exacto: es lo que hemos llamado *flow*.

PUERTA
7

¿De qué
están hechos
los juegos?

Te acercas al vestíbulo y te sientes desconcertada: no hay nadie. Ni el Conejo Blanco ni ningún otro «locúdico» personaje. Silencio.

De pronto se materializa una desconcertante sonrisa. Tras la sonrisa ves algo que parece la cabeza de un gato. De Cheshire para ser exactos.

—Veo que has conocido al Sombrerero, la Duquesa, la Reina Blanca... ¿Vas a jugar hoy a cróquet con la Reina de Corazones? Oh, ya veo. Aún no has conocido a *esa* reina. Bien, perfecto. Esto me da tiempo para contarte una historia. ¿Te gustan las historias? A mí sí. Aquí tienes la llave. Adéntrate en la puerta con ella. Recuerda que siempre llegarás a alguna parte si caminas lo suficiente. Cuando termines, tengo este ovillo para ti. ¿Que para qué quieres un ovillo? ¡Se puede hacer de TODO con un ovillo!

Con el magnífico reto de motivar y mantener la motivación de tu alumnado, al que ya conoces y reconoces, te pones delante de los fogones para cocinar tu propuesta. Porque una propuesta de aprendizaje lúdico tiene mucho que ver con la cocina: un poco de técnica y otro poco de arte. Sabemos que cualquier receta necesita de unos buenos ingredientes… Y, por supuesto, el aprendizaje lúdico tiene los suyos. En esta puerta, te presentaré uno a uno los ingredientes que necesitas mezclar para conseguir una buena colección de platos, dependiendo de cuál sea tu objetivo y tus comensales. Es decir, todos aquellos **elementos** que forman las lógicas de los juegos.

No sé si estarás de acuerdo conmigo, pero me arriesgo a proponerte los aspectos que hemos descubierto en la puerta anterior, y que a mi parecer son los más destacables cuando se trata de hablar de motivación y juego aplicados al contexto del aprendizaje lúdico. Es decir, aquellos que son más habituales y que resultan **potentes disparadores de la motivación** y/o esenciales para que una persona se mantenga en *flow*. Yo escojo estos quince:

1. **Curiosidad:** por descubrir nuevos conocimientos, nuevas emociones…
2. **Certeza e incertidumbre:** esa fina línea que te mantiene atenta a lo que puede o no puede suceder.[1]
3. **Independencia/autonomía:** sentir que todo está bajo control y que podemos decidir.
4. **Significado y vocación épicos:**[2] la acción que propone debe tener significado para quien se vaya a poner en acción (y, por supuesto, para ti). Debe hacernos sentir que participamos en algo grande que vale la pena, y que nuestra participación es decisiva. En este significado, el **altruismo** va a estar presente muy a menudo.
5. **Logro:** superar satisfactoriamente los retos encomendados y sentir que evoluciono hacia la maestría. La sensación de éxito[3] es un motivador por excelencia.
6. **Competencia:** me siento capaz, veo la tarea realizable. Elemento indispensable para sentirme autónoma.
7. **Estatus:** prestigio, reconocimiento por parte de las demás personas.
8. **Emociones positivas:** bienestar, risa, diversión, disfrute, pasarlo bien.
9. **Expresión y autoexpresión:** dejar mi huella, aquello que me hace original y única.

10. **Compromiso personal:** conmigo misma y con los demás, lo que alimenta mi propósito.
11. **Tranquilidad:** sentirse en un espacio seguro, del que no se deriva ningún peligro y en donde me siento libre para actuar. Estoy en el círculo mágico.[4]
12. **Poder:** me permite hacer cosas que en la vida real no se me permiten. Sentirme poderosa.
13. **Socialización:** contacto social, relaciones. Estar y hacer con otras.
14. **Sentido de pertenencia:** sentirme aceptada, compartir valores y costumbres.
15. **Competición:** crea tensión y se sostiene sobre la base de sentimientos tales como el placer de la victoria y la aversión a la pérdida.

**Todas estas claves intervienen de una u otra forma, en uno u otro momento o de una u otra manera en nuestra motivación y en la de nuestro alumnado. Son las causantes de la sonrisa de nuestro gato, que sigue ahí incluso cuando él desaparece. Por supuesto que no todas deben estar presentes en una sola propuesta, pero sí nos viene muy bien tenerlas identificadas para, una vez conocidas nuestras personas destinatarias, priorizar las que consideremos más vitales.**

**¿Pero a través de qué elementos consiguen los juegos captar y mantener nuestro interés y activar nuestra motivación y compromiso?**

Vamos a desgranarlos y analizarlos, sabiendo que la mezcla de estos componentes es más que la suma de sus partes. ¿Tienes tu curiosidad a punto?

Pues vas a tener que postergar un poco el deseo, porque antes quiero presentarte a uno de los grandes del juego. Me refiero a Roger Caillois[5] y su teoría de los juegos,[6] de la que soy particularmente afín por su profundidad y foco.

Según Caillois, entre juegos y cultura existe una relación de interdependencia y es en esta interdependencia en la que basa su perspectiva sociológica de los juegos. Para él los juegos son reflejo de la realidad o, mejor dicho, ofrecen un modelo controlado de la realidad que educa los instintos. A la vez que crean y fijan la cultura, la muestran, procurando valores y actitudes, entrenando nuestra capacidad de ponernos en los zapatos del otro y permitiéndonos superar dificultades y obstáculos.

Este autor recoge y clasifica la diversidad de situaciones lúdicas a partir de cuatro grandes «impulsos esenciales e irreductibles»: la competición (*agôn*), el azar (*alea*), el simulacro (*mimicry*) y el vértigo (*ilinx*). Estas cuatro motivaciones vitales –que admiten algunas mezclas entre sí– pueden ayudarte a perfilar y abordar mejor las emociones expresadas a través del juego, así como las competencias emocionales en él desarrolladas. Empezamos así a descubrir las lógicas de los juegos.

### *Agôn* (competición)

En griego, contienda, desafío, disputa. En este grupo encontramos los juegos en que las personas se convierten en adversarias y que, en condiciones de relativa igualdad, han de demostrar su superioridad frente a los demás. El móvil del juego es **el deseo que tiene cada una de ver reconocida su excelencia en una determinada habilidad o saber**. Por este motivo, las participantes ponen todas sus habilidades y capacidades en juego a fin de ganar a sus adversarias. La suerte no tiene cabida aquí. Es necesario pues fijar de forma sostenida la atención y aplicar disciplina, esfuerzo, perseverancia y, sobre todo, voluntad de vencer.

Las emociones que experimentamos con este tipo de juegos están relacionadas con la superación personal, el conocimiento de nuestros límites y nuestros potenciales, la autoestima, el aprender a aceptar el fracaso y sacar enseñanzas de los errores, y también el aprender a disfrutar de los éxitos.

Juegos clásicos como el ajedrez, el go, el awalé y Carcassone, o videojuegos como Clash of Clans y CivilizationEDU[7] son buenos ejemplos.

### *Alea* (azar)

En latín, suerte. Al contrario que en los juegos de *agôn*, aquí el éxito o fracaso no depende de la persona que juega. No se trata de vencer a la adversaria, sino de esperar que se cumpla su fortuna o su desgracia. Puede existir una competición, pero será el azar el que decida la vencedora.

La persona que juega se arriesga y espera lo que le trae la suerte. Podríamos decir que permanece pasiva, que no activa sus aptitudes ni sus cualidades ni sus habilidades para vencer, sino que las inhibe, con una **clara sumisión de la voluntad, para abandonarse al destino**.

En este caso, los juegos de azar llevan a aprender a esperar la gratificación, a aceptar los resultados del azar. También, como en el caso de los juegos de competición, nos ayudan a crear defensas frente a la frustración, a disfrutar de la sorpresa del último momento cuando se descubre la última carta o cuando levantamos el cubilete de los dados. La incertidumbre y el poder del intervalo variable están servidos.

En esta clase de juegos, todas las jugadoras son iguales; ni la edad ni los conocimientos previos nos diferencian. Todas estamos en igualdad de condiciones a la hora de enfrentarnos con la suerte.

El ejemplo más evidente son los dados o las máquinas tragaperras, pero también la oca, el juego de escaleras y serpientes y otros tan populares como cara y cruz.

En realidad, *agôn* y *alea*, aunque se nos presenten como antagónicos, responden a una misma ley, que no es otra que la **creación artificial de condiciones de igualdad** entre las jugadoras. Nos evadimos imaginando una realidad diferente. Y por eso muchos juegos combinan estas dos maneras de jugar. Por ejemplo, en los juegos de cartas combinamos la suerte (o mala suerte) de las cartas que nos tocan con nuestra habilidad para jugarlas. De manera que en las categorías de *agôn* y *alea* encontramos una buena diversidad de juegos, que van desde aquellos en que sólo hay azar a aquellos otros en que el azar no existe, pasando por todos los grados posibles. El parchís, los juegos de cartas como el clásico de las familias o el mismo Monopoly formarían parte de este abanico.

### *Mimicry* (simulacro)

Son los juegos del mundo del «como si…». Estos juegos nos evaden recreando otra realidad. Temporalmente, nos transportan a un universo ilusorio y cerrado. La persona que juega escapa del mundo real y se ve trasladada a un mundo ficticio, en donde puede ser quien ella quiera.

En este caso, el juego ni pone en acción nuestras habilidades, ni nos deja en manos del destino, sino que nos permite **convertirnos en un personaje imaginario** que tiene que actuar según unas circunstancias y características determinadas. La persona deja a un lado su personalidad para adoptar otra identidad y convertirse en otro ser.

Los juegos de este tipo nos ponen «en la piel de otra persona» y nos permiten ver las cosas desde una perspectiva distinta para valorar mejor cómo se sienten las demás. Estos juegos desarrollan la capacidad de descentramiento, la empatía o la adquisición de competencias sociales tales como la cooperación o la solidaridad. El juego simbólico, los disfraces, las marionetas, son ejemplos de este tipo de juego. También los juegos de rol[8] o los *role playing*.[9] Por supuesto, videojuegos como Minecraft o Sim City,[10] pero también el teatro y las artes escénicas en general.

También cuando nos convertimos en espectadoras de una competición, sea deportiva, de un videojuego o de cualquier otra partida. En estos casos, nuestro nivel de empatía es tal que nos alegramos con quien vence, nos entristecemos con quien pierde y nos enfadamos o sufrimos con ambos.

En el «como si...» ensayamos diferentes registros, diferentes lenguajes. Desarrollamos nuestra capacidad de persuasión, de pacto y de consenso. También aprendemos a regular nuestras emociones (que no a reprimirlas) y representamos emociones y deseos en un espacio de relajación psicológica, seguras de que al hacerlo no nos exponemos a ningún peligro real.

### *Ilinx* (vértigo)

Por último encontramos los juegos que persiguen la destrucción de la estabilidad y de la normalidad. Se trata de experimentar situaciones límite, incluso peligrosas; de ponernos a prueba alejándonos de la realidad. En definitiva, de liberar adrenalina. Aquí el juego trata de seguir unas reglas pero también de saltárselas hasta llegar a la transgresión.

La suspensión de la realidad en un entorno gráfico fantástico y delimitado en el espacio y el tiempo sin correr ningún tipo de riesgo nos permite descubrir nuestras limitaciones, nuestros miedos, y enfrentarnos a ellos, de manera que nos hace más capaces de controlarlos. Me estoy refiriendo a juegos como el columpio, la montaña rusa, las peleas con almohadas, el cogerse de las manos y girar hasta caer al suelo.

Aunque aparentemente *ilinx* (renuncia de la consciencia) y *mimicry* (imitación y entrenamiento) se presentan como términos opuestos, Caillois encuentra un vínculo entre ellos, y éste reside precisamente en la sensación de delirio que puede producir ponerse la máscara de «otra» persona y fingir ser quien no eres.

Por último, Caillois sitúa los juegos en dos polos: el orden y el caos, o lo que él denomina *ludus*[11] y *paidia*.[12] En el *ludus* encontramos los juegos que precisan del sometimiento a unas reglas, las cuales hacen difícil conseguir el resultado deseado. Y que superamos con ingenio, conocimiento, paciencia y orden. En cambio, la *paidia* se refiere al juego libre, espontáneo, en donde las reglas se improvisan y se pactan al momento. Requiere de fantasía desbocada, incluso del tratamiento disruptivo de objetos e ideas. En suma, el caos.

Conocer a Caillois y los cuatro cuadrantes, junto con sus posibles combinaciones, en los que clasifica las motivaciones que nos llevan a jugar, te puede ayudar en el momento de diseñar juegos y dinámicas lúdicas o a la hora de utilizar elementos de juego en los procesos de enseñanza y aprendizaje.

## Desgranando los juegos

Ahora sí, ya podemos centrarnos en los ingredientes que componen los juegos y responder a la pregunta: ¿cuáles son las partes de un juego? Lo primero que debo decirte es que existen diversas maneras de agrupar y presentar los componentes de los juegos. Algunas están basadas en la experiencia de los videojuegos, mientras que otras se han concebido para aplicarlas en el entorno del *marketing* y el consumo. Voy a presentarte la que hemos ido construyendo en Marinva y que nos resulta más útil, por su simplicidad y sencillez. La experiencia en horas de juego y, sobre todo, en horas de diseño de juegos ha sido la base, pero nos hubiera servido de poco sin una reflexión permanente sobre nuestros éxitos y errores y, por supuesto, sin el contraste con otras personas y, de manera muy especial, con el Institute of Play.[13]

Para el IoP[14] son seis los elementos básicos de los juegos:

1. Objetivo.
2. Reto.
3. Mecánicas.
4. Componentes.
5. Reglas.
6. Espacio.

Nuestro día a día nos pide sumar a éstos los siguientes:

1. Personas jugadoras.
2. Narrativa.
3. Estética.
4. Tiempo.

Trabajamos pues con diez ingredientes. Vamos a definirlos uno por uno:

1. **Objetivo**

En este caso, referido al juego. ¿Qué tiene que hacer la jugadora o el equipo para conseguir el éxito? Cuanto más **claro** sea el objetivo, y siempre que sea sentido como algo **alcanzable** con esfuerzo, mejor garantizas la motivación de las personas participantes. Evidentemente, también ha de tener sentido, aunque sea dentro del absurdo.

*Ejemplos*: conseguir recolectar todas las frutas antes de que se las coma el cuervo (como en El frutal[15]); ser la primera en cruzar la línea de meta, o conseguir la paz mundial (como en el World Peace Game).[16] Objetivos épicos como este último adquieren mucha fuerza y consiguen mantener el interés durante un tiempo prolongado.[17] ¡El objetivo lo vale!

2. **Personas jugadoras**

De las jugadoras ya hemos hablado en la puerta 5. Tienes por tanto muchos elementos para conocerlas bien. Ahora se trata de decidir cómo quieres que jueguen. Y eso, por supuesto, te lo marcarán los objetivos educativos que te hayas planteado. ¿Cómo tendrán que relacionarse? ¿Va a ser un juego donde se jugará individualmente? ¿O buscas que las personas cooperen? Y si juegan individualmente, ¿podrán compartir conocimiento? ¿O mejor no? ¿Será mejor equilibrar el juego individual con el de equipo? ¿Querrás que jueguen ellas o que lo hagan en tercera persona? También es el momento de preguntarte si todas van a jugar en el mismo nivel o si les darás diversas posibilidades según sus habilidades o conocimientos previos. Todas las posibilidades son correctas y, según lo que estés buscando, te vendrán mejor unas que otras. En el World Peace Game, el alumnado juega en primera persona, asumiendo el rol que han elegido o les «ha tocado», e intentan salvar el mundo de la violencia de la manera más pacífica posible, negociando e intentando cerrar tratos con sus compañeras.

3. **Reto**

Se trata no del gran reto que puede suponer el propio objetivo, sino de los **desafíos y misiones que van a tener que superar** las jugadoras para conseguir el objetivo. En definitiva, los **obstáculos** con los que quieres que se encuentren las participantes.

Por ejemplo, en el caso de El frutal, la dificultad está en el propio dado, que puede darte una fruta o hacer aparecer el cuervo. En este caso, el azar marcará la partida. No hay muchos obstáculos; lógico, es un juego para personas muy pequeñas. En el juego del Uno, desconoces las cartas de tus oponentes. El reto, en este caso, es más alto. En el baloncesto, cada jugadora se encontrará con una oponente que la vigilará. Esto hará más difícil llegar a la canasta. Y en el caso del World Peace Game, uno de los retos que tendrás que afrontar será posiblemente el de convencer a las diferentes ministras, presidentas y secretarias en el poder, con intereses divergentes, de que tu propuesta es la mejor opción.

4. **Narrativa**

A todas nos gusta que nos cuenten historias. **Refuerza la inmersión en el juego, creando un lenguaje común e inspirador**. Sabemos que el contar y escuchar historias crea un vínculo emocional y cerebral que se traduce en empatía. A la vez permite conectar con la audiencia y sumergirla en nuestro relato, manteniendo activa su capacidad de escucha. Si la narrativa es buena, **potencia el recuerdo de su propio mensaje** porque facilita la conexión emocional con la situación, momento, actividad, lugar, en que transcurre. A veces, la narrativa es sólo la puerta de entrada: una fina capa estética, como si por ejemplo revistiéramos el Monopoly con los personajes y ambientación de *Star Wars*. En otras ocasiones, la narrativa forma parte del juego y es su elemento central; por ejemplo, en el Catan o en los juegos de Sherlock Holmes.[18] En el World Peace Game, el reto épico al que te enfrentas no necesita de una narrativa fantástica. Simplemente narra la simulación de la realidad a través de unas reglas determinadas, que es mucho más que exponer una problemática. En otras ocasiones, la narrativa le pone fantasía y absurdo a la actividad y así facilita el embarque en ella.

Te pongo un ejemplo. ¿Recuerdas el juego de los barcos de la puerta 3, en la página 90? Pues en este caso las personas deben organizarse en tres grupos y cada grupo ha de respetar una característica concreta: el grupo 1 debe tener tres hermanas o más. El grupo 2 debe calzar tacones y el grupo 3 debe haber visto alguna de las películas de *El Señor de los Anillos*. Pero hay una dificultad más, y es que las veinticuatro personas participantes deben repartirse de manera que haya ocho en cada grupo, ni más ni menos. Esto empieza ¡ya!

Imagina ahora que este mismo juego lo presentas a través de una potente narrativa: «Estamos en una isla que como consecuencia de un terremoto está a punto de hundirse. Las habitantes [que sois vosotras] mantenéis la calma y os organizáis para sobrevivir. Veis tres barcas en la orilla y corréis hacia ellas, pero las barqueras tienen sus reglas y no admiten a cualquier pasajera. La barca 1 sólo admite a personas con tres o más hermanas, la barca 2, a personas con tacones.... Y en cada barca sólo caben ocho personas. ¿Conseguiréis embarcar y salvaros? El tiempo empieza ¡ya! ¡El agua os llega ya a los tobillos! Una barca se tambalea, no cabe todo el mundo. ¡Rápido, buscad otra estrategia! ¡El agua os llega a la cintura!».

¿Qué cambios crees que provocará la narrativa en el embarque y desarrollo de este juego?

 **Apunta o dibuja aquí cómo crees que será la experiencia de una u otra manera:**

**Si te pica la curiosidad y quieres probar el juego para confirmar tu intuición, juega con tu alumnado o compañeras docentes y escribe aquí lo que has observado, lo que has sentido y con qué aprendizaje te quedas:**

Un buen entrenamiento puede ser tomar algún juego abstracto (es decir, sin ninguna narrativa) que conozcas bien e inventarte una narrativa que modifique la experiencia. ¿Dispuesta a entrenar? Pues aquí tienes un reto que me propuso Noemí Blanch,[19] quien ha aportado mucho al debate sobre la simplificación de los elementos de juego que te estoy presentando.

 **Dibuja tu tres en raya. ¿Qué historia puedes explicar a través de él?**

**Como Alicia, seguro que estarás de acuerdo con esta reflexión de Nick Owen:[20] «Las metáforas verdaderamente mágicas son capaces de cuestionar y perturbar nuestros actuales marcos de referencia, nuestro mapa habitual del mundo, y hacernos salir de nuestro pensamiento limitado para poder aprender y descubrir nuevos aspectos».[21]**

5. **Mecánicas**

Son los **movimientos o acciones principales que le propondremos a la jugadora** para conseguir su motivación y compromiso durante la «partida». Esas acciones se expresan en forma de **verbos**, de manera que aporten **diversión** y asienten las motivaciones definidas cuando dibujamos la experiencia que queríamos recrear en determinados comportamientos. Mecánicas hay muchas, cada juego tiene las suyas propias, y, de hecho, las más exitosas las encontramos repetidas en numerosos juegos, aunque combinadas de maneras diferentes. Además, en un mismo juego podemos encontrar varias mecánicas, una como principal y otra u otras como secundarias. Te muestro unas cuantas para que veas a qué me refiero y te pongo también algún juego como ejemplo.[22]

| | |
|---|---|
| EMPAREJAR<br>Dominó, Quién es quién | NEGOCIAR<br>Intercambiar elementos<br>Catan, Monopoly, Munchkin[23] |
| PREGUNTAS Y RESPUESTAS<br>Trivial, Quiz, Kahoot![24] | LÍNEA TEMPORAL<br>Time Line |
| BLOQUEAR<br>Obstaculizar acciones de la oponente para conseguir algo<br>Catan, ajedrez, baloncesto | TAPAR LOS OJOS<br>Tapar los ojos de una jugadora para ocultar información<br>Escondite, When I Dream,[25] Los hombres lobo de Castronegro |
| DEDUCIR<br>Utilizar razonamientos lógicos y/o deductivos<br>Pictionary, Cluedo | NARRAR<br>Crear historias<br>Story Cubs, Érase una vez[26] |
| PERSEGUIR<br>Parchís | PERSUADIR<br>Convencer a otras, argumentar, razonar<br>Los hombres lobo de Castronegro |

| ACTUAR-INTERPRETAR | ESCRIBIR |
|---|---|
| Juegos de mimo | Construir palabras, frases o expresiones |
| Juego de las películas, Gestos | Scrabble, Boggle[27] |
| QUEDARSE SIN CARTAS | ACUMULAR |
| Uno, Jungle Speed | Cartas, puntos, bienes |
| | Fantasma Blitz, Virus, Catan |
| ELEGIR | ROLES OCULTOS |
| Seleccionar un objeto, persona o idea como la mejor o más apropiada entre varias alternativas | No todas las jugadoras son quienes parecen ser |
| Ikonikus,[28] Dixit | Los hombres lobo de Castronegro, Saboteur[29] |
| ENGAÑAR | SER OTRO |
| Hacer promesas falsas para ganarse la confianza y usarla en tu favor | Villana, sabia, rebelde, la elegida... |
| Póquer, Los hombres lobo de Castronegro o juegos del tipo mentiroso[30] | Los hombres lobo de Castronegro, World of Warcraft |
| COMPETIR | COOPERAR |
| Aquellos en los que hay una sola ganadora | Todas las jugadoras ganan o pierden juntas |
| Catan, abalone, ajedrez, Scrabble | Isla prohibida, Magic Maze, Hanabi, El frutal |

6. **Reglas**

O lo que comúnmente llamamos instrucciones del juego. ¿**Qué puede o no hacer la jugadora?** ¿Con qué consecuencias? Las reglas hilan la trama entre el objetivo, los retos que debemos superar, las mecánicas utilizadas y la narrativa. Cuanto más sencillas sean, más fácil nos será entrar en el juego. De hecho, explicar bien las reglas resulta clave para el desarrollo de la actividad y, a la vez, es una de las principales barreras de entrada. Yo misma leo cada vez menos las instrucciones y en su lugar busco algún tutorial en YouTube. En eso tenemos una ventaja: nuestras propuestas han de estar escritas, pero podemos explicarlas y entrenarnos para explicarlas a modo de tutorial. Éste también es un buen aprendizaje para el alumnado.

Como te decía, en la mayoría de los juegos las reglas están escritas de antemano. Pero últimamente han aparecido algunos juegos en los que las reglas las vas descubriendo tú misma a medida que juegas.[31] Curioso e inspirador, ¿verdad?

Si volvemos al juego del baloncesto, un ejemplo sería el caso en que, una vez se ha hecho canasta, el otro equipo tiene automáticamente la posesión de la pelota. Otra regla que nos ponemos entre amigas cuando jugamos a las películas es la de elegir aquellas que todas conozcamos. Y en cuanto al Game Peace World, una de las reglas es que debe tenerse siempre en cuenta, en cada acción que se realice, a las minorías religiosas y étnicas. Pues esto hace que sea más difícil conseguir la fórmula perfecta que resuelva todos los problemas.

7. **Componentes físicos**

En la mayoría de los juegos, los objetos tienen un papel muy importante. Es verdad que en los juegos de cuadrilla, a menudo jugamos sólo con nuestro cuerpo. Sin embargo, necesitamos un árbol o algo similar para que nos haga de «casa» en el escondite, o una piedra para marcar y jugar a la rayuela. **El objeto se vincula pues al juego**. Pueden ser cartas, dados, fichas, peones o avatares. Podemos disponer de un tablero o de piezas que formarán en cada partida un tablero distinto. También en las dinámicas lúdicas utilizamos objetos. Puede ser una pelota de goma, unos pañuelos o unas cartulinas, como en el juego de hacer grupos. En el baloncesto, la pelota y las canastas son fundamentales. En el Monopoly, además de las cartas, el tablero y los peones, necesitamos las casas y los hoteles; y, por supuesto, los billetes son piezas esenciales sin las cuales no podemos jugar. En el World Peace Game, la estructura de cuatro plantas, las figuritas verdes de los soldados, los barcos, los tanques y las cebras son los elementos físicos. En la puerta 3, que es donde has encontrado algunos de estos juegos, puedes identificar más «componentes físicos».

8. **Estética**

Aspecto estrechamente relacionado con los componentes de los juegos y también con la narrativa, si cuentan con ella. Se trata de la **coherencia de los sentidos** del juego en cuanto al diseño de los objetos que lo conforman: tablero, cartas, etc. En un juego como Código Secreto –donde todas somos espías que tenemos que descifrar nuestro código sin que las «otras» espías nos descubran–, las ilustraciones, los colores e incluso el sonido si se tratara de una aplicación deben transmitir misterio. Porque, si no, el juego no resultaría creíble y nos saldríamos del juego (o nos costaría mucho más entrar en él). Es decir, la estética debe estar en consonancia con la propuesta de juego y el clima que quieras crear y, por supuesto, con los objetivos educativos que persigues.

Pero la estética también se refiere a la **calidad** de los materiales utilizados. No sé a ti, pero a mí las cosas me entran por los ojos. La comida, sin duda alguna. Cualquier plato bien cocinado, pero mal presentado pierde gran parte de su valor.[32] ¡Hay quien ya ni lo prueba! Tanto si diseñamos nuestro propio juego como si adaptamos alguno de los que compramos, añadiendo o sustituyendo materiales, o bien creamos materiales que sostengan el aprendizaje lúdico que perseguimos, éstos deben ser estéticamente de calidad. Eso no significa que hayan de ser caros, ni muy complicados, sino que, por muy caseros que sean, se habrán producido con esmero, mimo y delicadeza. Porque así no sólo se incentiva la motivación para entrar en el juego, sino que además se transmite la importancia y el valor que damos a las cosas, al tiempo que educamos en el cuidado del detalle. Hay que hacer las cosas bien: unas cartas bien impresas y cortadas con las puntas romas, como las de verdad (por poner un ejemplo), dan calidez y seriedad al juego.

¿A que no resulta igual de apetecible jugar a un dominó de piezas de resina, que suenan cuando las dejamos caer en la mesa, que hacerlo con piezas de plástico llenas de rebabas?

Seguro que si sustituimos las figuras de los soldados del World Peace Game que están en diferentes posiciones de ataque por otro tipo de muñequitos en posición estática o por simples peones, nuestro alumnado jugará igualmente… pero no será lo mismo, ¿verdad?

## 9. Tiempo

Por supuesto, el tiempo puede ser una mecánica. Hemos de conseguir algo antes de que el tiempo se acabe. Pero en este caso me estoy refiriendo a otro tiempo. Es decir, al **tiempo que va a durar esta partida**. ¿Se trata de un sistema gamificado que durará todo el trimestre? ¿O lo que trato de desarrollar es un juego que pueda jugarse en los cincuenta minutos de una clase? ¿O más bien busco algo rápido para que pueda jugarse muchas veces y además anime a superar el propio resultado? En este sentido, cuanto más largo tenga que ser el juego conforme a tu planteamiento, más necesario será repartirlo en partidas, que, como el caso de una serie de televisión, tendrán que empezar y acabar cada vez, pero irán adelantando el desarrollo de la historia. Y también más potentes deberán ser los motivadores. Todo esto lo tienen en cuenta los juegos y debes tenerlo en cuenta tú también cuando quieras diseñar tus propios juegos. Antes de empezar a jugar al World Peace Game, ya sabemos que el juego durará unas quince horas repartidas en sesiones de dos horas por semana, porque así viene establecido para poder adaptarlo a la organización escolar, al igual que una partida del Uno con cinco personas no está pensada para que dure mucho más de veinte minutos.

## 10. Espacio

¿Dónde jugamos? El espacio **donde vaya a transcurrir el juego** también necesita su tiempo de reflexión y va a ser un condicionante. ¿Se trata de una cancha de baloncesto?, ¿ocurre dentro de un círculo como en el sumo?,[33] ¿jugaremos en el aula?, ¿podremos utilizar el patio?, ¿las paredes pueden convertirse en el tablero de juego?, ¿podemos reflejar en ellas la evolución?

La particular y significativa importancia del espacio la descubriremos en la próxima puerta. Pero déjame que te diga que cuanto más versátil lo concibamos, más fácil será imaginar e implementar un aprendizaje lúdico. ¿Te imaginas lo que sería convertir el tablero del World Peace Game en el patio de la escuela y que el propio alumnado sean las figuritas, que encima actúan en vivo y en directo? ¡Qué emoción!... y qué montón de cambios implicarían, pues seguro que las dinámicas que se producirían serían muy distintas a las desarrolladas en el aula.

¿Te parece que entrenemos todo lo que has encontrado hasta ahora en esta puerta? Ya sabes que aprendemos más de lo que hacemos y reflexionamos que de lo que escuchamos o leemos. Así que busca bolígrafos de colores y ponte a ello.

 **Te propongo que pienses en un juego al que te guste jugar. ¿Lo tienes? Pues prepárate para diseccionarlo:**

**¿Cuál es su objetivo?**

**¿Qué retos u obstáculos te pone?**

**¿Qué relación se establece entre los jugadores?**

**¿Tiene narrativa?**

**¿Identificas una o varias mecánicas?**

**Puntúa su estética del 1 al 5**

**¿Cuánto dura la partida?**

**Y la pregunta más importante: ¿Por qué te gusta este juego? Busca al menos tres razones.**

Obviamente, estos elementos no se deciden sin más uno tras otro, sino que avanzamos retrocediendo y en círculos, de manera que a menudo la profundización en uno de los elementos modifica otro y así sucesivamente. Pero eso sí, teniendo siempre el objetivo educativo claro, los indicadores definidos y la imagen de nuestras destinatarias bien presente.

**Estamos dibujando la experiencia que quieres crear. Porque jugar es sobre todo una experiencia. Cuando vivimos algo como un juego (sea propiamente un juego o no), la sola idea de preparar el momento ya nos proporciona expectativa e ilusión; tanto si eres su promotora como si eres la persona que juega. Su desarrollo lo disfrutamos y su recuerdo nos resulta significativo.**

Entonces, ¿qué ambiente, qué clima va a tener nuestra experiencia? **¿A cuántas y cuáles de las quince motivaciones que te he propuesto va a responder**? Estas son algunas de las preguntas que deberás responder en la creación de una propuesta lúdica.

**Sigamos con el entrenamiento. ¿Y si ahora a ese mismo juego le quitas o añades un nuevo elemento? Uno del tipo: ¿cómo podrías mover las fichas del parchís si suprimieras el dado?**

**Toma el mismo juego que has diseccionado y varía algún elemento. Puede ser el objetivo, los obstáculos, un componente o lo que tú decidas. Dibuja o explica tu «nuevo juego»:**

**¿Qué cambios crees que se producirán en la experiencia de juego? ¿Responderá a los mismos objetivos educativos? ¿Han cambiado los motivadores iniciales? O dicho de otro modo: ¿gana diversión?, ¿la pierde?**

Para crear juegos, lo más importante es jugar y conocer de cerca las aficiones de las personas destinatarias de tu propuesta. Si los zombis triunfan entre ellas, aprovecha esa narrativa. Esto es lo que ha hecho Santiago Vallejo[34] en su proyecto Zombiología:[35] «no querrás aprobar, ¡querrás sobrevivir!». Con esta expectativa, no habrá alumna que se resista a querer saber más. Y éste es sólo un ejemplo de los muchos que puedes encontrar en Gamifica tu aula.[36] En esta página, más de cien docentes de toda España (y alguno de Europa) comparte sus propuestas, explican cómo las han llevado a término, con qué problemas se han encontrado e incluso comparten plantillas y componentes de juego. Todo un proyecto cooperativo que apela a la vocación épica de las personas y que vale la pena seguir de cerca como elemento de inspiración y aprendizaje.

Y ahora sí, antes de salir de esta puerta, no olvides los elementos que nos mantienen en *flow*. ¿Los recuerdas? Vamos con un rápido repaso:

- **Conocer el objetivo** que se espera de mí. Lo que debo hacer para superarlo con éxito. Entenderlo y sentirme capaz.
- **Contar con indicadores de éxito** (dentro del juego). Es decir, saber si he conseguido el objetivo o no y con qué nivel de éxito. Si lo he hecho muy bien o lo he conseguido por los pelos. En este caso, si el juego me permite «**repetir**» para mejorar mi resultado, hay muchas posibilidades de que repita hasta sentirme satisfecha. Recuerda que perseguimos la maestría de nuestras alumnas y que eso sólo se consigue insistiendo.
- **Retroalimentación** inmediata y constante. El saber si voy por el buen camino o me alejo de mi meta es algo que me orienta y me mantiene concentrada y dispuesta a corregir mis fallos. Para garantizar esa retroalimentación cuentas con apoyo. La propia alumna puede autoevaluarse o pueden ser otras alumnas quienes recíprocamente se den ese *feedback*.
- **Evolución.** Saber dónde está la meta, por dónde voy, cuánto recorrido llevo hecho y cuánto me falta para llegar al objetivo me da independencia y autonomía. Puedo medir mis recursos y ¡entonces siento que controlo mi juego (o mi trabajo)!
- **Celebrar los avances.** Ser consciente de qué he aprendido hoy. Cuál ha sido mi progreso. Verbalizar. Mostrar. Los avances se consiguen con esfuerzo, superando obstáculos y aprendiendo de los errores. Es lógico celebrarlos. El sentimiento de superación nos da ánimo para querer más y para acercarnos a la maestría.

A la salida te espera la sonrisa del gato,
más grande que nunca, como una luna
en cuarto creciente.

—Cuando estoy, estoy. Si desaparezco,
todo desaparece. Así es. Hay cosas que
debes asegurarte de que permanezcan,
si no, adiós juego. Recuerda esto cuando
conozcas a la Reina de Corazones.
De hecho, recuérdalo,
sie    eeeeem    preeeee.

**Séptima puerta, ¡superada!**

### Notas

1 _ ¿Recuerdas los conceptos de «intervalo fijo» e «intervalo variable» de los que nos hablaba Skinner en la puerta anterior?
2 _ Así lo denomina Yu-Kai Chou en el sistema del Octalysis que has descubierto en la puerta anterior. La idea de vocación épica muestra bien el espíritu del «significado».
3 _ Éxito: recuerda las aportaciones de la neurociencia que viste en la puerta 2 de la mano de la doctora Rosa Casafont.
4 _ Círculo mágico: recuerda la definición que nos dio Johan Huizinga en la puerta anterior.
5 _ Roger Caillois (1913-1978): sociólogo, escritor y crítico literario. Nacido en Reims, Francia. Resultan especialmente interesantes sus diferencias con Huizinga sobre el concepto y valor de los juegos de azar.
6 _ Su obra *Les jeux et les hommes,* publicada en 1957 y ampliada en 1967, es una referencia para todas las que nos acercamos al mundo de los juegos. Está editada por Gallimard en Francia y por Fondo de Cultura Económica en España (*Los juegos y los hombres*).
7 _ Encontrarás más información en «Los secretos de la oruga 2», tanto de los videojuegos Clash of Clans y CivilizationEDU como de muchos otros juegos.
8 _ El juego de rol es una tipología de juego, normalmente colaborativo, en el que las personas asumen los roles de unos personajes previamente definidos. No hay ningún guion preestablecido, sino simplemente una trama sobre la que las personas jugadoras van tomando decisiones, sujetas siempre a las características de sus personajes. El primer juego de rol que se comercializó fue Dungeons & Dragons, en 1974.
9 _ *Role playing:* muy usado en aprendizajes dirigidos a empatizar con la situación de otra persona, por ejemplo, ante una decisión ética, o a ensayar tu propio rol, por ejemplo en una entrevista de trabajo en donde la otra persona hará de empleadora.
10 _ No te he hablado aún de Sim City. Si no lo conoces, ¡vale la pena que le eches un vistazo!
11 _ *Ludus*, palabra latina que significa juego.
12 _ Deriva de la palabra griega *paidós*, cuyo significado es niño.
13 _ Del Institut of Play ya te he hablado en la puerta 3. Recuerda, es una organización de referencia a escala mundial con sede en Nueva York especializada en el diseño del aprendizaje basado en juegos. En Marinva hemos participado en sus cursos formativos de la mano del diseñador de juegos y maestro Ross Flatt.
14 _ Abreviación de Institut of Play.

15 _ Juego cooperativo de la casa Haba. En «Los secretos de la oruga, 1», encontrarás más información de este juego.

16 _ ¿Lo recuerdas? Hemos hablado de él en la puerta 3.

17 _ Recuerda que significado y vocación épicos son los disparadores de la motivación.

18 _ Serie de videojuegos de aventuras ambientados en los casos del famoso detective. También en forma de juegos de mesa, editados por Asmodee.

19 _ Noemí Blanch es psicóloga, especializada en gamificación y juego para recursos humanos y aprendizaje. Colabora con Marinva desde hace unos años, y si un juego cae en sus manos, ya tienes una partida organizada. Puedes saber más de ella a través de Linkedin o de su blog ‹noemiblanch.com›, pero donde es más activa es en Twitter, con el nombre @Noeblanch.

20 _ Nick Owen es un escritor, director de teatro, actor, narrador y consultor inglés cuyo trabajo ha destacado por la creatividad de explorar algunos de los temas clave que afectan al éxito, la innovación y la transformación individual y organizacional. Puedes saber más de él en ‹www.nickowen.net›.

21 _ Este párrafo corresponde a *La magia de la metáfora,* libro publicado por Desclée de Brouwer en la colección Serendipity. Constituye una excelente introducción a la programación neurolingüística y los cuentos como instrumentos favorecedores del cambio.

22 _ Algunas de las mecánicas que te propongo, así como sus ejemplos, están inspiradas en la propuesta de mecánicas básicas del IoP.

23 _ Munchkin es un juego de rol diseñado por Steve Jackson. Básicamente lo que la jugadora debe hacer es subir de nivel como «humana», matar a monstruos y conseguir salir de las mazmorras con la ayuda del equipamiento que pueda encontrar en ellas. El lema es «mata a los monstruos, roba el tesoro y apuñala a tus amigos».

24 _ Kahoot! es un instrumento que, gracias a las mecánicas que ofrece, nos permite crear un sistema de preguntas y respuestas con una estética lúdica y agradable. Seguro que con él destensarás el ambiente que se crea en una semana de exámenes.

25 _ En When I Dream, una de las jugadoras sueña y se coloca un antifaz sobre los ojos. El resto son espíritus del sueño, que describirán las cartas utilizando una única palabra cada uno.

26 _ Érase una vez es un juego de cartas para contar cuentos. Las jugadoras crean juntas una historia utilizando cartas que presentan elementos típicos de los cuentos de hadas, tales como dragones, bosques o enanas.

27 _ Boggle es un juego de mesa diseñado por Allan Turoff. Está formado por un cubo que contiene dieciséis dados con letras combinadas y, al mezclarlos, las jugadoras tienen tres minutos para formar el máximo de palabras posibles.

28 _ Ikonikus es un juego en el que hay que desarrollar la empatía y ponerse en el lugar del resto de las jugadoras para adivinar qué sentirían ellas en cada situación.

29 _ Saboteur es un juego en el que las jugadoras adoptan el papel de enanas mineras que trabajan en una mina buscando oro. De repente, un hacha se balancea y rompe la lámpara de la mina. La saboteadora ha atacado. Pero ¿quién ha sido?

30 _ Juego de cartas en el que el riesgo consiste en mentir sobre la tirada hecha.

31 _ Puedes saber más sobre este tipo de juegos. Consulta la colección *Fast Forward*, creación de Friedmann Friese y editados por EDGE. Actualmente con cuatro títulos: Frutas fabulosas, Fantasma, Fuga y Fortaleza.

32 _ Es verdad que al revés, el desengaño es ¡enorme!

33 _ El sumo es un deporte de origen japonés en donde dos luchadoras pelean por sacar a la otra persona del círculo en donde transcurre el combate.

34 _ Santiago Vallejo es biólogo, especializado en genética. Profesor de Biología en varios institutos de secundaria en la comunidad de Madrid, es el padre del proyecto Zombiología.

35 _ Zombiología es un proyecto de aprendizaje basado en juegos (ABP) dirigido al desarrollo de la asignatura de Biología y Geología de tercero de la ESO.

36 _ Gamifica tu aula es una comunidad abierta de docentes. Ahí puedes mirar y aprender o decidirte a aportar y compartir. Encontrarás docentes de todos los niveles educativos: primaria, secundaria, bachillerato y universidad. Las propuestas están ordenadas por niveles y materias.

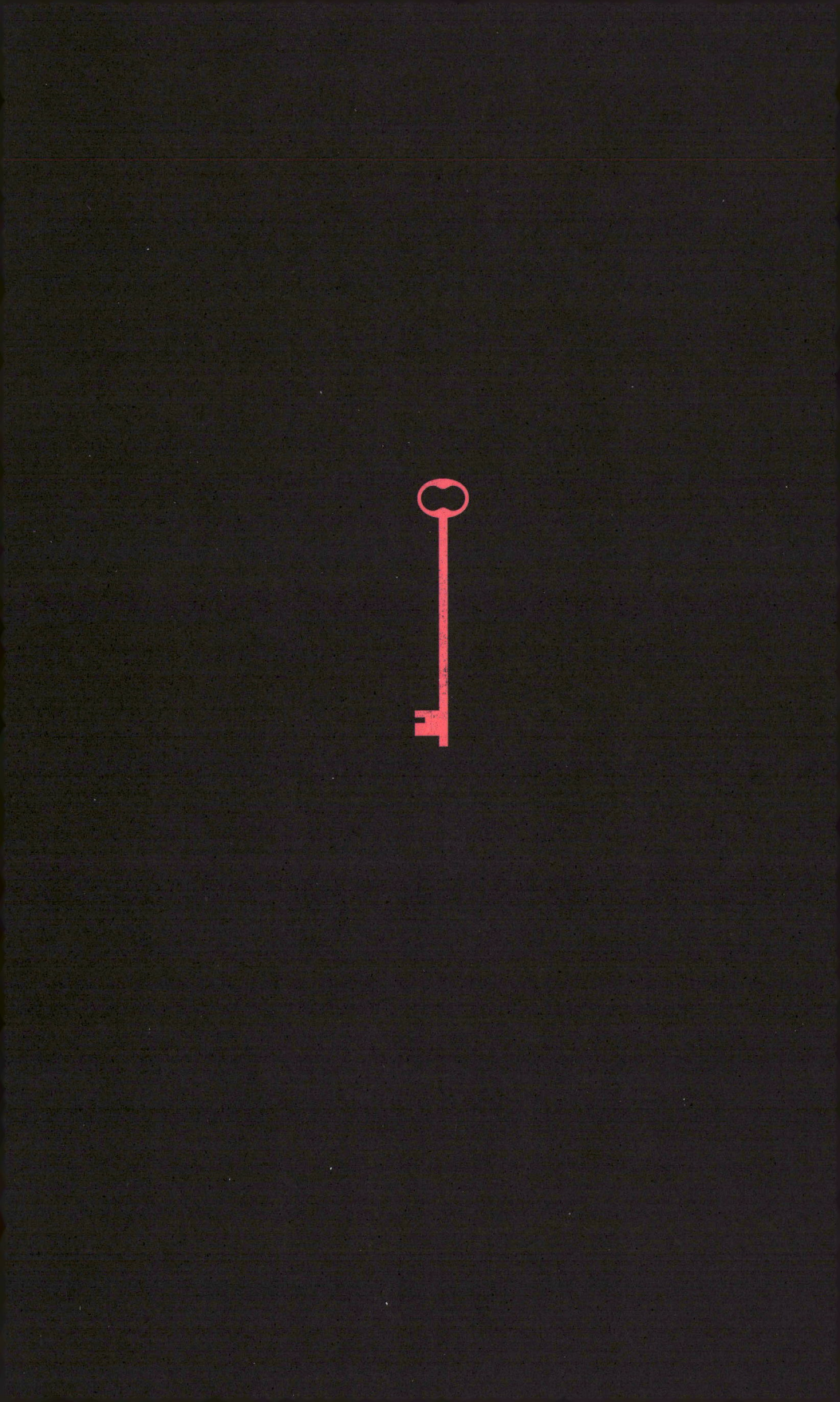

En el vestíbulo ha aparecido un muro y, desde lo alto, un huevo elegantemente vestido te mira compungido.

—Quiero que sepas que soy de los pocos que he sido capaz de hablar con la Reina de Corazones. Seguramente no conocerás a nadie que haya gozado de un privilegio semejante. Y pocos se atreven a hacerlo. Para que veas que no me domina la soberbia, te permito que me estreches la mano. ¡Súbete al muro conmigo! Lo he puesto porque queda mejor en este espacio vacío. Podemos llenarlo de personas. O de huevos, como prefieras. A lo que iba, conozco a la Reina de Corazones. Está feliz porque ha atrapado a un conejo y quiere cortarle la cabeza. La exaspera perder al cróquet y necesita desahogarse y...

Ya no oyes a Humpty porque corres hacia la puerta. Sólo piensas en atravesarla antes de que algo terrible le pase al Conejo Blanco.

¡Casa! El lugar mágico cuando jugamos al escondite. En «casa» estás a salvo, segura, protegida. En nuestro imaginario, «casa» es el lugar donde sientes que puedes ser tú, donde te sientes libre para expresarte. Aquí tienes tu espacio individual íntimo, pero también es un lugar de encuentro y comunicación con las otras habitantes de la casa. Cuando nos sentimos a gusto en un lugar, decimos sentirnos como en «casa». Y eso tiene que ver con la atmósfera que respiramos y con el espacio físico en el que nos encontramos. Pero ¿qué nos hace sentirnos como en casa?

 **¿Cómo influye el espacio en el aprendizaje? ¿Quién es el tercer maestro?**

En mi trabajo en ludotecas, he tenido la suerte de experimentar la importancia del espacio y cómo éste influye en las relaciones y el ambiente. En ese lugar de juego, donde se prima el juego libre, el espacio y la concreta disposición de los objetos marcan la diferencia. El espacio puede jugar a tu favor o en tu contra. Puede favorecer el juego y la creatividad, o generar dispersión y agresividad. Además, puede propiciar el encuentro con los demás y la creación de vínculo relacional o bien el aislamiento. La arquitectura siempre lo ha percibido así y por esa razón he trabajado siempre con arquitectas y diseñadoras de interiores. Y eso ha enriquecido enormemente los proyectos. Puedo afirmar, pues, que los espacios no son ni han sido nunca neutros, sino que influyen, y mucho. Y, además, ahora sabemos cómo lo hacen.

La relación entre la arquitectura y la neurociencia comenzó con la experiencia y reflexión de Jonas Salk,[1] cuando a mediados de los años cincuenta del siglo pasado tuvo que hacer una pausa en sus investigaciones porque tenía la sensación de que no avanzaba. Su laboratorio estaba en un sótano de su universidad, en Pittsburg. Decidió irse unos días a Italia a respirar aire libre, concretamente a la pequeña ciudad de Asís, y allí, deambulando entre claustros y recintos medievales y paseando por la naturaleza, le vino la inspiración. Se sintió tan asombrado por la relación entre neuronas y entorno que se puso a investigar en ello, apoyando así la colaboración entre arquitectas y neurocientíficas.

Su interés por el tema le llevó a fundar en San Diego el Instituto Salk, que construyó junto al arquitecto Louis Kahn, referente internacional en neuroarquitectura. En él, todos los espacios están concebidos con el fin de que fomenten el bienestar físico, emocional e intelectual, y de hecho es un edificio que hoy en día sigue siendo materia de estudio para arquitectas y neurólogas.

El empeño de Salk es una semilla que ha dado muchos frutos. El primero fue la creación en 2003 de la Academy of Neuroscience for Architecture,[2] en el mismo San Diego, en donde expertos de las dos áreas trabajan juntos para saber más acerca de la forma en que el entorno influye en nuestro cerebro.

Pero hay muchos más frutos. De hecho es cada vez más frecuente encontrar seminarios y talleres sobre neuroarquitectura organizados por colegios de arquitectos, así como investigaciones científicas sobre la materia, en las cuales la salud y la educación son dos de los ámbitos de mayor interés.

Es lógico, pues, que la educación se interese por saber más sobre la relación entre entorno y aprendizaje. Fíjate en cómo define el objeto de la neuroarquitectura Eve Edelstein:[3] «Trata de considerar cómo cada aspecto de un entorno arquitectónico podría influir sobre determinados procesos cerebrales, como por ejemplo los que tienen que ver con el estrés, la emoción y la memoria».

A continuación te resumo los aspectos básicos que han puesto de manifiesto diversos estudios[4] sobre la influencia del espacio en los procesos cerebrales y que resultan más relevantes para el aprendizaje porque contribuyen a rebajar el estrés y facilitan la concentración, el pensamiento y el bienestar:

- La luz:
  - Grandes ventanas que dejan entrar luz natural.
  - En su defecto, luz azul turquesa[5] o bombillas de amplio espectro, las más parecidas a la luz natural.
- Las dimensiones:
  - Espacios grandes.
  - Techos altos.
- El aire:
  - Flujo de ventilación (que corra el aire).
  - Temperatura.
- Las formas:
  - Curvas y orgánicas.
- Espacios verdes:
  - De los que se pueda disfrutar.
  - Que se puedan apreciar desde las ventanas.

En España, el neurocientífico Francisco Mora[6] lo expresa así: «El diseño de los espacios puede estimular la creatividad, colaborar a mantener la atención y concentración y favorecer la relajación y cercanía social»[7]. Pero para ello el espacio ha de despertar la emoción, porque, como él mismo dice, «el cerebro sólo aprende si hay emoción».

Ciertamente, la escuela del siglo xx ha tenido muy poco en cuenta estos aspectos. En parte, por desconocimiento. Muchas de las pruebas halladas sobre el entorno y el aprendizaje no se difundieron hasta comienzos de este siglo. Y claro, es lógico que no apliques lo que no conoces. Pero también el carácter central de la profesora se ha visto reflejado en el diseño de las aulas y de las escuelas: tarima para la profesora, alumnas en pupitres individuales mirando hacia la profesora y la pizarra, y ésta como apoyo para la profe y prueba para el alumnado. En mi opinión, Ken Robinson[8] dibuja muy bien esa escuela fruto de la revolución industrial del siglo xix que poco a poco vamos dejando atrás. Porque lo que resulta necesario es que la escuela acoja y promueva la creatividad entre el alumnado y el profesorado.

 **El aprendizaje lúdico quiere emocionar, cultivar la capacidad de asombro, despertar las «ganas de…» ponerse en acción, abrir la mente, convertir el error en fuente de aprendizaje, dejar fluir la creatividad, porque, siguiendo los aprendizajes de F. Mora, «sólo se puede aprender aquello que se ama».[9]**

Leyendo a Anna Forés,[10] encuentro una cita que expresa muy bien las características de un espacio que juegue a favor del aprendizaje lúdico. La comparto contigo: «El edificio, igual que la pedagogía que intenta albergar, se basa en la flexibilidad y la apertura, la comunicación, la interacción y las sinergias [y yo añadiría el juego]. Si queremos ciudadanos abiertos, creativos e imaginativos, [y con actitud lúdica] hagámosles espacios que propicien estos aprendizajes».[11]

Con este espíritu, muchas escuelas[12] han implantado cambios radicales en la manera de entender los espacios. La experiencia de Jesuïtes Educació en su proyecto Horizonte 2020[13] es un ejemplo que conozco bien porque he tenido la suerte de poder contribuir a su desarrollo aportando juego. Las aulas de sus tres experiencias piloto, MOPI, NEI y TQE,[14] así lo muestran: espacios abiertos, luz natural, buena iluminación, ventanas libres de obstáculos, mobiliario de formas orgánicas, zonas variadas que aportan flexibilidad sin perder la sensación de orden (cada cosa tiene su lugar), señalética clara y divertida, colores cálidos, animados y agradables. En definitiva, un ambiente alegre de trabajo y de juego.[15] Basta decir a modo de ejemplo que en el aula de P3 de la escuela Raimat de Lleida, ¡los niños y niñas se pueden tirar por un tobogán en medio del aula! Aunque todavía más impresionante es el tobogán del hospital Sant Joan de Déu de Barcelona.[16]

Quizá uno de los estudios más relevantes es el publicado en 2012 por Peter Barrett, Yufan Zhang, Joanne Moffat y Khairy Kobbacy, de la Universidad de Salford, en el Reino Unido, con el título (en su traducción al castellano) de «Un análisis holístico y multinivel para identificar el impacto del diseño de un aula en el aprendizaje de los alumnos».[17] Se centra en alumnos de primaria y con sus resultados se mide el nivel de mejora del alumnado en las áreas de lectura, escritura y matemáticas. En el estudio se han valorado aspectos como la luz, el ruido, la temperatura, la calidad del aire, el grado de sentido de pertenencia que permite, la flexibilidad en las relaciones y en el tipo de actividades, la conexión entre espacios, la complejidad entendida como diversidad, el color y las texturas. En total, diez parámetros de diseño divididos en tres grandes áreas o ambientes: natural, individual y de trabajo. Es en este último ambiente donde se valoró la existencia y calidad de los espacios de descanso y juego, además del espacio académico en sí mismo.

El resultado del estudio es impactante: por término medio, estos factores contribuyen en un 25 % a la mejora de los aprendizajes estudiados. No sé a ti, pero a mí me parece que vale la pena tomarse en serio el espacio. De hecho, hay quien habla, refiriéndose a él, del **«tercer educador»**.

**Pero, aunque sea importante, para que este tercer educador dé sus frutos es imprescindible que esté al servicio del proyecto educativo del centro, en donde el juego entendido en toda su profundidad y forma ha de ser un componente clave.**

El secreto está en cambiar la forma que tenemos de ver las cosas; en nuestro caso, la forma de ver el espacio, y descubrir todas sus posibilidades. No se trata de un lugar sin más, sino de un recurso más para enseñar y aprender. Es evidente que siempre recurrimos a lo conocido, pero para hacer un espacio diferente y adaptado debemos volver a la infancia y pensar en darle nuevas oportunidades a rincones olvidados, paredes vacías o jardines descuidados.

Si queremos poner el juego en el corazón del proceso de aprendizaje debemos entender el espacio como un gran tablero de juego y aplicar en él todos los descubrimientos de la neurociencia para conseguir la mejor partida posible, de manera que el aprendizaje fluya en el entorno de bienestar, concentración y creatividad que necesita. Tenemos que contemplar todos los ambientes con una mirada lúdica, como si de espacios de juego se tratara. Como lugares que no sólo permitan el juego, sino que lo faciliten, lo acompañen y lo enriquezcan. ¿Recuerdas la actitud que requiere el juego? ¿La actitud lúdica de la que hemos hablado antes y que hemos entrenado desde la primera puerta que atravesaste en esta aventura? Pues todos los espacios educativos deben acompañar esa posibilidad de equivocarnos, de probar, curiosear y descubrir, de crear y gozar de la belleza.

 **Dicho esto, ¿qué quieres que sienta y pueda hacer el alumnado en cada espacio de la escuela? ¿Cómo influye el espacio en nuestro bienestar? ¿Y en nuestras emociones y en la forma en que nos relacionamos con los demás?**

En el aprendizaje lúdico, el juego aparece en todos los rincones del edificio educativo: en las aulas, la entrada, los pasillos, el comedor, los baños..., y, por supuesto, en el patio o espacio común de recreo.

Pero no vamos a seguir hablando de espacio sin jugar con él. ¿Te parece? Te propongo un juego. Uno en donde vas a tener que cambiar la mirada, porque sólo valiéndote de la disrupción podrás encontrar la solución. Así es que imente abierta!

 **¿Ves los nueve puntos de la página siguiente? Debes unirlos con cuatro líneas rectas, pero sin pasar nunca por el mismo sitio y sin levantar el lápiz del papel en ningún momento.[18]**

 **La ludicidad se ve, se toca, se huele, se oye, se saborea y se siente. Aprovecha todos los requisitos del espacio de bienestar que la neuroarquitectura pone en valor.**

Ahora acompáñame al patio. Estaremos de acuerdo en que éste es uno de los pocos espacios, si no el único, que ha sido **concebido exclusivamente para el juego** y recreo del alumnado y, a la vez, como un **espacio educativo dentro de los centros escolares**. Estos dos aspectos lo convierten en un **espacio privilegiado, lleno de recursos y posibilidades para el aprendizaje**; un lugar de fiesta, celebración y convivencia esencial en el desarrollo de la capacidad de jugar y, por extensión, de todos sus beneficios educativos.

Hablando de espacios, la morfología de nuestro patio ¿promueve el juego libre? ¿Las niñas y los niños se sienten libres? ¿Pueden decidir qué hacer, con quién y cómo? ¿Cuál es el rol y la actitud de los adultos que los acompañan?

El patio favorece no sólo el movimiento y el descanso, sino también la curiosidad, el conocimiento de una misma y de las otras, la gestión de las emociones, la puesta en práctica de valores y actitudes. Además, su multiplicidad de usos lo convierte en un espacio de recreo −frente a espacios de «trabajo» como el aula, la biblioteca o el laboratorio−, pero también en un espacio diferenciado, uno de los más utilizados del centro y con una importante carga de horas lectivas. En definitiva, ahí tenemos aprendizajes vivenciales y significativos. Por tanto, el espacio y el tiempo del patio pueden y deberían incidir positivamente en el aprendizaje social y creativo del alumnado.

Sin embargo, esto no suele ser así. El patio es uno de los espacios escolares que menos ha cambiado. Ni los nuevos modelos educativos, ni las conclusiones de la neuroarquitectura han influido hasta ahora en este espacio. **¿Por qué los patios escolares se mantienen prácticamente igual que hace noventa años?** Quizá porque en la mayoría de los casos no forman parte aún del proyecto educativo del centro.

**Sólo aquellos centros que entienden el patio como un espacio exterior de aprendizaje y conciben el juego como una parte fundamental del proceso de aprendizaje y enseñanza, están replanteando la función del patio y reformulando su diseño y sus usos.**

De hecho, todavía hoy las teorías y experiencias de Froebel y Montessori referidas a los patios como espacios naturales al aire libre resultan innovadoras. Para estos dos grandes maestros, los patios tienen relevancia educativa como entornos de juego donde entender el espacio y su relación con el mundo y donde estimular y favorecer los aprendizajes.

Un dato: ¿sabías que si multiplicamos los treinta minutos diarios de patio de una alumna de primaria suman 525 horas? Pues bien, resulta que son prácticamente las mismas que se dedican a materias como educación física o lengua extranjera. Y si sumamos la hora diaria del patio del mediodía, esa cifra se triplica y entonces se convierte en el espacio más utilizado de la escuela y en el que los niños y niñas pasan más horas. Consciente o inconscientemente, el patio se convierte en un espacio y un tiempo de gran importancia en la formación y desarrollo del alumnado dentro del espacio escolar, pero al que se le dedica mucha menos atención de la que merece y en el que desperdiciamos una cantidad enorme de oportunidades.

Si pones atención en una de sus principales oportunidades educativas, verás que **los patios ofrecen la posibilidad de disfrutar del espacio temporal, físico y simbólico necesario para el desarrollo del juego** y que contribuyen en gran medida a:

- **El crecimiento personal**, con repercusiones directas en la autoestima, la gestión emocional, el conocimiento de una misma, la toma de decisiones, la motivación para la relación y el entendimiento con las demás sobre la base de la autonomía, la capacidad de iniciativa, las defensas frente a la frustración, etc.
- **La convivencia con las demás**, respetando las normas y los hábitos cívicos, la resolución de conflictos a través del diálogo, la asunción de obligaciones y responsabilidades, la mejora en las formas de organización, cooperación y colaboración, etc.

A mi parecer, todos ellos son aspectos clave en la educación en valores y el sano crecimiento del alumnado.

Una simple mirada a los patios nos confirma que a pesar de todos los argumentos a favor del juego y de los avances de la neuroarquitectura no están siendo suficientes para incorporar aquellos aspectos estimuladores del juego que los patios deberían ofrecer. El estudio realizado por IPA España,[19] que lleva por título *Los patios de las escuelas: espacios de oportunidades educativas*,[20] evidencia cómo aquellos valores, actitudes y competencias que se «trabajan» en las aulas parece que en el patio desaparecen, ya que éste se rige por la ley del más fuerte. ¿Le pasa algo parecido a tu escuela?

Algunas de las realidades que se reflejan en el estudio son las siguientes:

- **Nuestros patios no están pensados ni incorporados como recurso pedagógico** de la escuela, ni desde el punto de vista morfológico ni en cuanto a la intervención educativa, y **están lejos de ser percibidos como espacios educativos**. Los patios de juego son en general pobres en espacios, diseños y equipamientos; a menudo resultan poco confortables y poco estimuladores y están muy alejados de la naturaleza (sobre todo en las grandes ciudades). Canastas de baloncesto, porterías de fútbol, cemento: eso es lo que suele haber, más algún que otro juego pintado o ya despintado. Por lo general están desorganizados y muy estereotipados. Su aprovechamiento como espacios de educación y crecimiento de la sociabilidad, la convivencia, la curiosidad, la exploración y la creatividad es insignificante comparado con su potencial.

- **El juego en el patio se organiza fundamentalmente por criterios prácticos y organizativos de la escuela, aunque destaca sobre todo la ausencia de finalidad educativa, algo muy importante**. En pocos casos se mencionan aspectos pedagógicos que tengan por objeto mejorar la capacidad de jugar o enriquecer el juego. Esta falta de intencionalidad educativa a la hora de organizar el patio tiene diferentes consecuencias. A continuación cito dos que me parecen particularmente relevantes:
  - La organización de los horarios por edades y cursos, imposibilitando así el juego compartido y la relación con otras edades; de esta forma se alude a los conflictos que se producen entre mayores y pequeños si se mezclan en el espacio y el tiempo.
  - La **separación por género**, que al producirse de forma espontánea es mayor incluso que la separación por **diferencias sociales**, étnicas y culturales. Así resulta que dos terceras partes de las niñas y los niños se encuentran habitualmente en el patio en grupos monogenéricos.
- **La pista deportiva se convierte en el espacio central del recreo**, ocupado mayoritariamente por los chicos, lo cual provoca la falta de visibilidad de las actividades diferentes al fútbol y de las chicas en su conjunto. Resulta significativo que las **actividades de ellas sean más variadas y diversificadas**, así como lo son también las de los grupos mixtos. Y **cuando la pelota desaparece, el juego en el patio cambia**: las actividades se diversifican, al igual que el tipo de relaciones y agrupaciones que se establecen, que pasan a ser mucho más ricas.
- **Existe una gran adaptación de las niñas y los niños a las posibilidades de sus patios**. Aprovechan lo que tienen y tratan de sacarle el máximo provecho. Sin embargo, a más de la mitad de todos ellos, chicos y chicas, les gustaría realizar actividades en el patio que no practican. Pero lo que más les gustaría es **que sus profesores jugasen con ellos** (sus maestros en particular y los adultos en general). Atención: no dicen que los profesores les «organicen juegos», sino que participen en los juegos que ellos mismos organizan. Otro dato revelador es que la gran mayoría de las niñas y los niños manifiestan que a su parecer **el rol de los maestros en el patio es el de vigilar y «sentarse, charlar y desa-**

yunar». Efectivamente, en la mayoría de las escuelas, los docentes se organizan para «vigilar» el patio.

- **Se aprecia una gran desconexión entre el diseño y usos del patio y el proyecto curricular de la escuela.** El patio se concibe como un espacio que queda inscrito dentro del recinto escolar pero fuera de las dependencias educativas: las propias aulas. Cuando se trata de los patios, se olvidan las oportunidades e influencia del entorno, que la escuela conoce bien, y se pierde de vista que la relación del niño con el espacio es fundamental y permanente. Así, en los proyectos de centro sólo se recoge información sobre el aspecto físico de los patios (planos). El caso es que, **en general, el patio no siempre aparece de forma explícita** en los documentos de los proyectos educativos de los centros y **en ningún caso se transparenta una concepción del patio como prolongación del aula o espacio de aprendizaje más allá de la educación física.**

- **El patio es percibido por el profesorado como un espacio de conflicto potencial** por sí mismo y por el tipo de actividades que se realizan, **y es visto como una amenaza más que como una oportunidad**. Sin embargo, la mayor parte de las actividades observadas entre el alumnado reunido en el patio se han desarrollado en situaciones de colaboración, negociación y distensión. Se constata pues que se vigilan las agresiones, pero **no se registran suficientemente todos los procesos educativos que se dan de manera espontánea**: escuchar al otro, ponerse de acuerdo, fijar objetivos comunes, someterse a reglas, formación del concepto de uno mismo, la autoestima, la imaginación y resolución de conflictos, el aprendizaje ensayo-error y un largo etcétera.

- **En la práctica no hay coherencia entre los discursos del profesorado en cuanto a su reflexión sobre el juego como herramienta educativa y de transmisión cultural y sus prácticas reales en el patio.** Dejar hacer o intervenir: he aquí un importante dilema o lo que se ha llamado la **falacia del juego libre**. En este sentido, se observa una cierta confusión con el concepto de «juego libre», que se entiende como actividad en la que el adulto no interviene. Pero la no intervención es, querámoslo o no, una forma de intervención que deja que las circunstancias y casualidades gobiernen el espacio, las actividades y las relaciones, y que a menudo está bien lejos de los objetivos educativos y las voluntades expuestas en los discursos y proyectos escolares. Esto hace que, aun cuando en las escuelas se hable de juego libre, **la mayoría de los centros expliciten prohibiciones para el patio**, normalmente referidas al uso de juegos electrónicos o a juegos de luchas y peleas. Además, aunque en los discursos aparezcan motivaciones educativas a la hora de explicitar las prohibiciones relativas a los juegos de casa o los objetos que se pueden utilizar en el patio, **la realidad observada nos muestra incoherencias** —se prohíben los juegos electrónicos por su cariz individual y sedentario pero se permite la lectura— y motivaciones prácticas con vistas a la minimización de cualquier posible conflicto.

En pocas escuelas —de hecho, en ninguna del estudio— se encuentran reflexiones y propuestas sobre cómo potenciar el juego libre que tan necesario resulta para el desarrollo de niñas y niños.

De este estudio se desprenden nueve conclusiones, de las cuales he escogido tres a modo de resumen con el fin de arrojar luz sobre cómo y en qué dirección transformar los patios, recogiendo para ello aspectos relacionados con la intervención educativa y la transformación morfológica del patio:

1. **No hay duda: el patio es en sí mismo un espacio educativo.** Las dos primeras ideas fundamentales que sustentan esta reflexión son, por un lado, que **el juego**, además de constituir una potente herramienta educativa, **es fundamental para el crecimiento y desarrollo** sano de las personas. Y, por otra parte, que **los patios son espacios privilegiados para el desarrollo de los juegos de los niños**, porque son uno de los pocos espacios, si no los únicos, pensados exclusivamente para su juego y recreo.

2. **El tiempo del patio constituye para muchas niñas y muchos niños el tiempo de juego compartido más intenso del día**, en el cual conviven alumnos y alumnas de diferentes edades, con diferentes intereses, lo que provoca **momentos de convivencia de alta intensidad**. Los juegos en sí mismos conllevan conflicto y, a menudo, malentendidos, discusiones que acaban en un «pues ya no te ajunto», insultos o peleas físicas. Estos conflictos y la manera en que se resuelven son sin duda una de las

muchas oportunidades educativas que nos brinda el hecho de jugar. Saber cuándo intervenir, cuándo esperar a que los propios niños resuelvan sus desavenencias, y cómo y cuándo darles los recursos para que aprendan a **mediar entre ellos**, es un arte propio del profesorado educador.

3. **Si bien la transformación morfológica de los patios se hace absolutamente necesaria, no resulta suficiente para la implantación de un verdadero cambio en su uso y aprovechamiento educativo**. Cuando se empezó esta reflexión, la convicción dominante era que la transformación morfológica de los patios debía suponer de manera obvia e inmediata su transformación en verdaderos espacios educativos. Y sobre la base de ese convencimiento las escuelas piden colaboración para repensar sus patios. ¿Qué reformas morfológicas hacer? ¿Qué estructuras comprar? ¿Ponemos un huerto? ¿Un jardín vertical?

Sin embargo, la realidad aporta un matiz primordial. La conclusión, como no podía ser de otra manera, es que resulta necesaria una aproximación nueva y radicalmente diferente por parte de la comunidad educativa que otorgue a los patios su verdadera potencia educativa. Las investigaciones internacionales coinciden en que la morfología de los patios tiene una gran importancia. Pero, como cualquier otro espacio, éste no es definitivo ni definitorio del juego o la actividad que se realizará. La pregunta, por tanto, no es cómo ha de ser el patio sino:

**?** **¿Qué queremos que pase en nuestro patio? ¿Qué juegos queremos que se den? ¿Qué tipo de relaciones?**

¿Te has fijado en el matiz de la pregunta? No te pregunto qué vamos a «poner» en el patio, sino qué queremos que PASE. Esta precisión es muy importante y lo cambia todo. Primero tienes que plantearte qué patio quieres y luego ya verás cómo o con qué lo consigues.

En este mismo estudio, se citan diversas investigaciones que coinciden en **dar la máxima importancia a la mirada del profesorado sobre el valor del juego** en la educación y los aprendizajes. Entienden **la intervención como una herramienta para matizar y enriquecer el juego libre de los niños y utilizan la transformación morfológica de los patios como excusa para generar pro-**

**cesos participativos de cambio** en la comunidad educativa: padres y madres, maestros y educadores.[21]

Basándome en estas tres conclusiones y en mi experiencia en la transformación de patios escolares, me atrevo a revelarte las que para mí son las cinco dimensiones de un patio excelente y los indicadores de su éxito:

**Un patio como espacio lúdico exterior de aprendizaje.**

- Se realizan otras actividades curriculares aparte de la Educación Física.
- Su organización está concebida con criterios educativos y no exclusivamente prácticos.
- El proyecto educativo del centro considera el patio como un espacio exterior de aprendizaje.

**El alumnado es y se siente libre para decidir qué hacen, con quién lo hacen y cómo lo hacen en su tiempo libre de recreo.**

- Participan en la dinamización y se sienten corresponsables (roles, encargos…).
- El alumnado tiene recursos para afrontar y gestionar los conflictos.
- Aprovechan todos los recursos a su alcance para el juego libre.

**Los equipos educativos son facilitadores del juego y el aprendizaje.**

- Son y actúan como cómplices del juego.
- Planifican y dinamizan acciones lúdicas de aprendizaje en el patio asociadas al currículo.
- Observan con intencionalidad educativa.

**La morfología del espacio facilita y promueve la actividad lúdica y el aprendizaje del alumnado.**

- Hay una diversidad de superficies, de estructuras y de recursos lúdicos.
- Es un espacio seguro y accesible con un riesgo controlado promovido y de poca densidad.
- Espacio bonito, limpio, cuidado, armónico y con naturaleza.

**Las familias valoran y sienten como propio el espacio de juego.**

- Entienden el patio como un recurso educativo de juego y aprendizaje.
- Aprovechan el espacio como un recurso de la vida comunitaria.
- Son y se sienten corresponsables del bienestar del patio.

Una vez asumida la dimensión morfológica del espacio y aplicada esta nueva mirada, es el momento de identificar aspectos relevantes tales como el **tamaño y densidad de los patios**, la **segregación** de las pistas deportivas, la **variedad de suelos y zonas**, la **naturaleza**, los **elementos arquitectónicos y lúdicos**, el **mobiliario**, los **juegos**, etc.

**Es decir, la transformación morfológica de los patios posibilita una reflexión y un debate participativo que trasciende el propio espacio del patio, puede movilizar a toda la comunidad educativa y, en definitiva, enriquecer el proyecto educativo del centro en su integridad.**

Parece pues que esta nueva mirada sobre el patio como espacio posibilitador de juego, por un lado, y la misión de los patios con respecto a la educación y los aprendizajes, por otra, pueden ser elementos clave para poner **el juego en el corazón del proceso de aprendizaje y enseñanza**, abriendo la puerta definitivamente al aprendizaje lúdico. En definitiva, el patio como punta de lanza y como revulsivo.

**Y ahora, ¿jugamos a mezclar espacios? Piensa en estos cinco espacios de tu escuela: el vestíbulo, los pasillos, el comedor, el aula y el patio. Te propongo que te detengas un ratito a imaginar y escribir qué te gustaría que sintieran tus alumnos y alumnas en cada uno de ellos. Y qué querrías que pudieran hacer. Ahora ya puedas comenzar a imaginar ideas bien rompedoras para conseguirlo. ¿Te imaginas ya un aula con mesas redondas que favorezcan el trabajo en equipo? ¿O un pasillo con silloncitos para sentarse a descansar? ¿Un espacio de pícnic en el patio?**

♥ **Me gustaría acabar recreándome en la palabra «recreo». Me parece preciosa. Re-creo es volver a crear a mi manera lo vivido, lo aprendido, lo sabido, lo sentido. Si piensas en el patio como un espacio de re-creación, seguro que adquiere un papel diferente en tu proyecto educativo. Porque toda la escuela es una intensa re-creación para tus alumnos y también para los docentes. O, al menos, así lo entiendo yo.**

Humpty ha convertido el muro en dos muretes y los ha cambiado de sitio. Mientras canturrea, te acercas y le pides más información sobre el Conejo Blanco y la Reina de Corazones.

—Toma esta pelota. Te recordará a mí. Y que la cabeza es redonda para que las ideas puedan cambiar de dirección. Lánzala y síguela. Te llevará hasta *esa* reina. Creo que ya estás preparada para el encuentro.

**Octava puerta, ¡superada!**

**Notas**

1 _ Jonas Salk (1914-1995), nacido en Estados Unidos. Fue médico, biólogo e investigador. Descubridor, además, de la vacuna de la poliomelitis.
2 _ Puedes encontrar más información en su web ‹www.anfarch.org›.
3 _ Eve Edelstein es profesora asociada de la New School of Architecture and Design, radicada también en San Diego, y directora de Investigación en el Perkins Will Human Experience Lab de San Francisco.
4 _ En la web Escuela con cerebro, encontrarás un *post* sobre neuroarquitectura titulado *El tercer profesor: espacios que guían el aprendizaje*. Allí hallarás referencias sobre diversos estudios e investigaciones.
5 _ Nada que ver con la luz azul violeta que emiten las pantallas.
6 _ Francisco Mora es neurocientífico, doctor en Medicina por la Universidad de Granada y en Neurociencia por la Universidad de Oxford, además de catedrático de Fisiología Humana en la Facultad de Medicina de la Universidad Complutense de Madrid.
7 _ Puede resultarte muy interesante la lectura de *Neuroeducación*, de Francisco Mora (Barcelona, Alianza, 2013).
8 _ Ken Robinson es un profesor, escritor e investigador inglés que defiende que hemos sido educadas para ser buenas trabajadoras en lugar de pensadoras creativas. Te recomiendo su charla TED titulada *Las escuelas matan la creatividad*, en la que habla precisamente de esto, así como su libro *Creative schools: The grassroots revolution that's transforming education*, que escribió junto con Lou Aronica (Vikings, 2015).
9 _ Subtítulo del libro *Neuroeducación*, de Francisco Mora.
10 _ Anna Forés (1966) es doctora en Filosofía y Ciencias de la Educación por la Universidad de Barcelona. Profesora de Pedagogía en la misma universidad, está especializada en resiliencia. Es autora de la publicación *Descubrir la neurodidáctica* (Barcelona, UOC, 2009),
11 _ Esta cita puedes encontrarla en el artículo «Así influye el entorno físico de la escuela en el aprendizaje», publicado por Ana Camarero en *El País* el 30 de agosto de 2017.
12 _ Puedes conocer otras experiencias y reflexiones a través de la revista *Fòrum 38: L'arquitectura escolar* (Graó, 2015).
13 _ Ya te he hablado de este proyecto en anteriores puertas. Encontrarás toda la información en ‹http://h2020.fje.edu/es/›.

14 _ Acrónimos de Modelo Pedagógico de Infantil (MOPI), Nueva Etapa Intermedia (NEI, quinto y sexto de Primaria y primero y segundo de Secundaria) y Tercero y Cuarto de Secundaria (TQE).

15 _ En su *Cuaderno* número 07, titulado *Rediseñando los espacios de la escuela*, puedes conocer mejor su experiencia.

16 _ Tienes la referencia en la puerta 3.

17 _ Publicado en *Building and Environment*, n.º 59, 2013, págs. 678-689.

18 _ ¿No te sale? ¿Lo has mirado bien? Te animo a que si no encuentras la solución, propongas a tu alumnado que lo haga. ¡Seguro que te sorprenden! Y, como último recurso, siempre te queda buscar por internet.

19 _ Asociación por el Derecho de los Niños a Jugar, nacida en España en 2006. Puedes saber más en <www.jugaresunderecho.org>. Esta organización está asociada a IPA WORLD, con sede en Dinamarca, entidad nacida en 1969 con motivo de la Declaración de los Derechos del Niño.

20 _ Estudio realizado en 2010. Puedes descargártelo en <www.fbofill.cat/sites/default/files/525.pdf>.

21 _ Peter Grey (1946) es un psicólogo e investigador del Boston College que se centra actualmente en el estudio de las formas naturales de aprendizaje de los niños y en el valor del juego durante toda la vida. Te recomiendo su libro *Free to learn: Why unleashing the instinct to play will make our children happier, more self-reliant and better students for life*, publicado en 2013 por la editorial Basic Books.

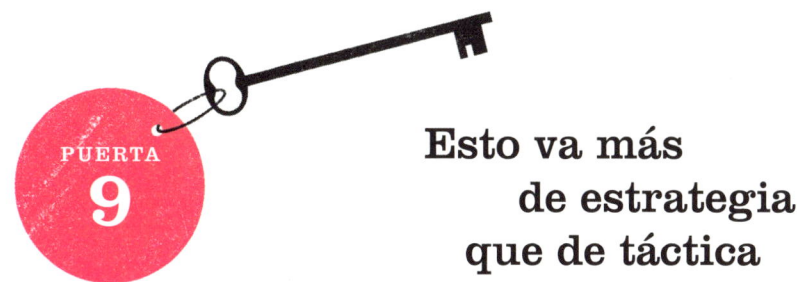

**PUERTA 9**

# Esto va más de estrategia que de táctica

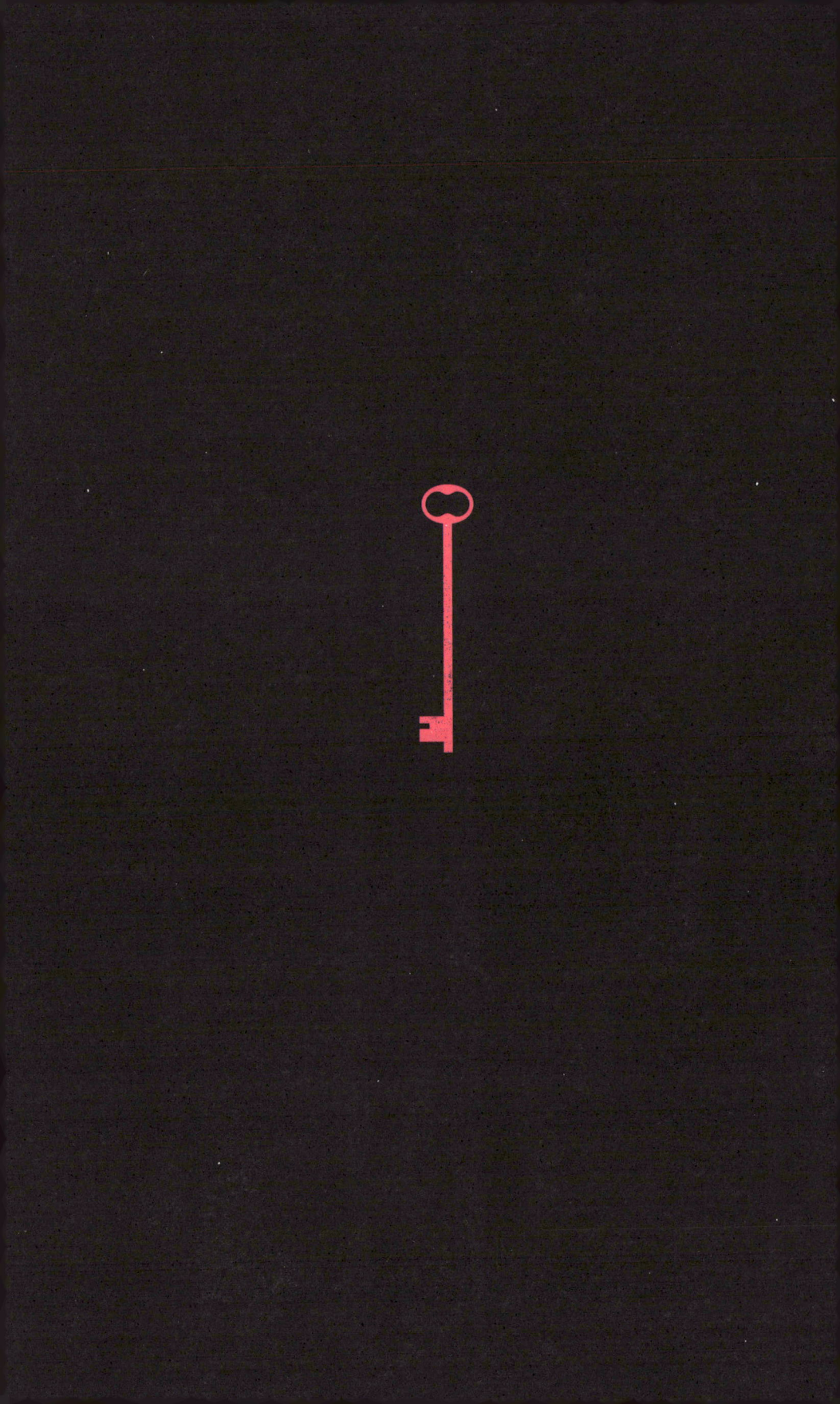

En el vestíbulo, el Dodo te mira solemne. Dejas en el suelo tu sombrero con todo lo que has conseguido hasta el momento, sin quitarle los ojos de encima.

—Vamos a hacer una carrera en comité. Y la mejor manera de explicar una cosa es practicarla, así que manos a la obra. El Dodo marca la pista, dibujando una especie de círculo. Empiezan a aparecer más participantes en la carrera y todos se colocan en sus sitios. Tú haces lo mismo. Y mientras esperas el tradicional «un, dos, tres, ¡ya!», todos empiezan a correr a su antojo. Al cabo de un rato, oyes al Dodo:

—Se acabó la carrera. Todos han ganado y todos recibirán premios. ¡Que empiece la música!

Hemos paseado por muchas puertas. Hemos conocido autores, conceptos nuevos y otros recurrentes. Hemos pasado de la motivación al reconocimiento de los elementos de juego para provocarla. ¡Ya casi nos vemos diseñando juegos, si no lo hemos hecho ya!

Te enseño un camino para hacerlo, el **MAGIC**.[1] Ah, ¿que ya te suena? ¡Efectivamente! Puerta a puerta hemos ido descubriendo juntas algunas de las casillas. Pero ahora te descubro su dibujo al completo. Esta rayuela es un sistema que te va a permitir cruzar y entrelazar dimensiones relacionadas con el **juego** y el **aprendizaje**. Y que a la vez guiará tu proceso de creación.

Recuerda que, al igual que en nuestras puertas del País de las Maravillas, la **actitud lúdica** debe acompañarte siempre, vayas donde vayas y cocines lo que quieras cocinar. Y además debes elegir continuamente y conjugar todos los aspectos relacionados con tu diseño según el **objetivo** planteado, las **personas** a las que vas a dirigirte y los **recursos** necesarios y disponibles. Sin olvidar, por supuesto, los indicadores.

Pero ¡cuidado! A veces nos enamoramos de la actividad y dejamos de pensar en todos estos factores que son siempre determinantes. La incorporación de elementos indiscriminados no convertirá automáticamente un proyecto en algo motivador para el alumnado, como si fuera un juego. Es decir, la incorporación de estos aspectos no garantizará el juego, ni por tanto la motivación. Recuerda que estamos buscando el entusiasmo de las personas en el proceso de enseñanza y de aprendizaje. Buscamos ver al alumnado repitiendo incansablemente un problema por el simple placer de solucionarlo. El sueño de cualquier educador y de cualquier familia.

Así, no pasa nada si el producto final no resulta ser un proyecto totalmente gamificado. Puede que tan sólo tenga un punto lúdico, que active la motivación a través del humor, o que se concrete en una dinámica lúdica porque quizás nuestro alumnado lo único que necesitaba era este pequeño empujón.

**Muchas veces resulta más eficaz crear las condiciones adecuadas para que el juego se desarrolle entre el alumnado de forma espontánea y natural (con intencionalidad educativa y con una serie de indicadores que permitan contrastar la efectividad de la propuesta).**

Teniendo ya todos los ingredientes de nuestra receta y los preparativos necesarios, incluidos los **indicadores**, ahora toca descansar. Repasa todo el ca-

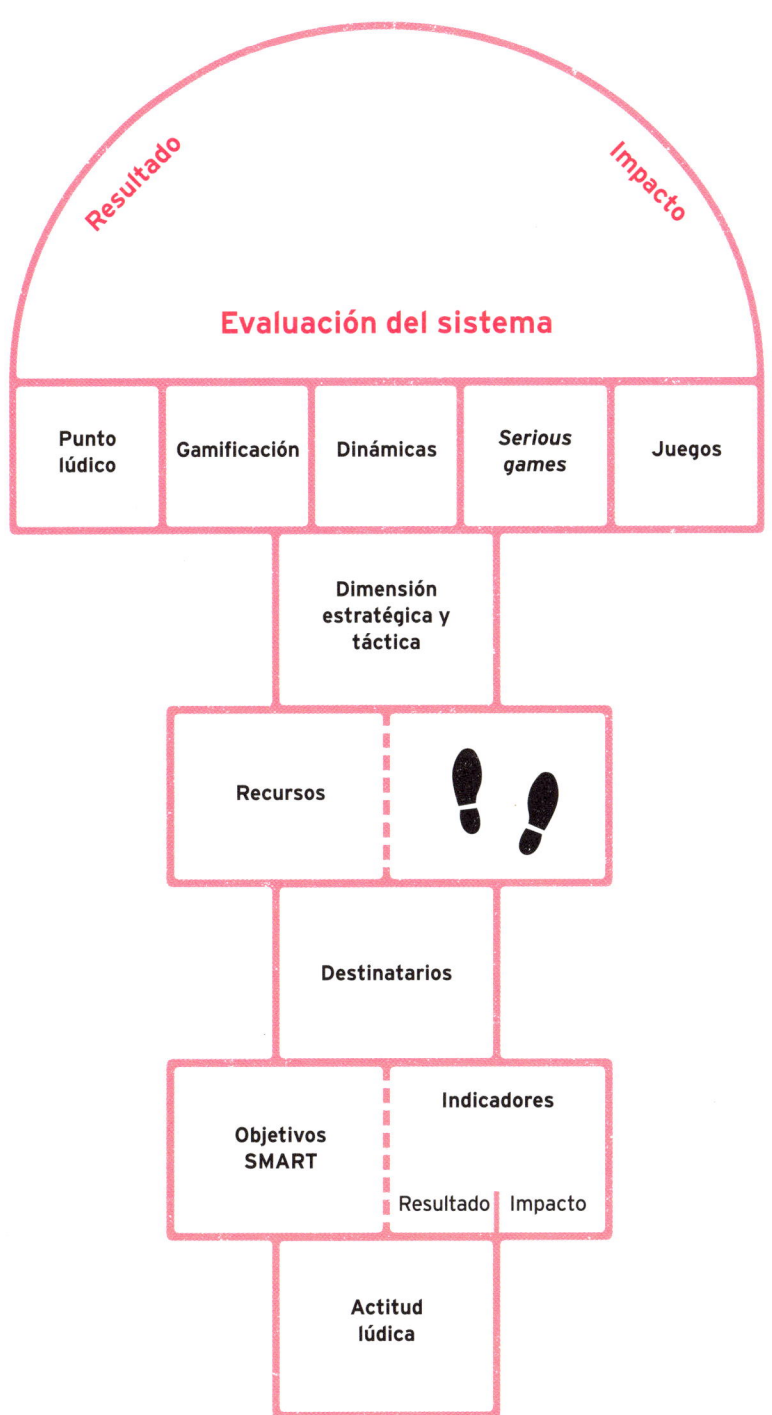

mino hecho hasta aquí. ¿Cambiarías algo? Deja que la masa fermente. ¿Te gusta cómo está quedando? ¿Estás satisfecha? Si es así, ¡buen trabajo! Y ahora coge fuerzas ¡porque vamos a cocinar!

 **¿Te atreves a convertir el aprendizaje en un juego? ¿Quieres crear una experiencia de aprendizaje lúdico?**

Para establecer unas bases sólidas que te permitan llevar tu centro educativo hacia el aprendizaje lúdico con el objetivo de convertirlo en significativo, te propongo comenzar por definir una **dimensión estratégica y táctica**.[2]

Y tú dirás: «¿A qué te refieres con eso?». Pues bien, lo que estamos haciendo aquí es pensar en la **estrategia** para poder preparar la **táctica** que llevaremos a cabo. Mientras la primera está relacionada con el **conjunto de acciones pensadas y coordinadas entre sí** que llevaremos a cabo para llegar a nuestro objetivo y que actuarán como guía, la segunda es el desarrollo de la estrategia llevada a la práctica, las **acciones específicas** que deberemos realizar. Y todo sin perder de vista el objetivo, tus propios recursos y a tu **alumnado**. ¿La actividad concuerda con la edad? ¿Les resultará demasiado fácil o difícil? ¿La propuesta lúdica se ajusta al contenido que queremos enseñar? ¿Y el profesorado? ¿Actuará con confianza, con actitud lúdica y sin prejuicio alguno?

Una buena metáfora en el mundo del básquet para diferenciar estrategia de táctica podría ser la siguiente. Imagínate un partido. Tu equipo con ocho jugadoras y tu adversario sólo con seis. Tu objetivo, ganar el partido ¡por supuesto! Decides que tu estrategia será agotar al equipo contrario, de manera que, cuando llegue el último cuarto, tu rival esté tan cansado que ofrezca poca resistencia a tu equipo y éste pueda encestar con más facilidad. Para ello utilizarás diferentes tácticas como, por ejemplo, marcar individualmente a cada una de las jugadoras contrarias, provocar la rotación continua de tus ocho jugadoras o promover jugadas rápidas y cortas para que tu rival no pare de correr de un campo al otro.

Traducido esto a nuestro lenguaje quiere decir que, si la dimensión estratégica consiste en motivar y estimular al alumnado, entonces utilizar tácticamente los retos, así como una buena narrativa y elementos de sorpresa bien combinados, puede ser una buena idea.

Te propongo **quince estrategias lúdicas**, propias de los juegos que se adaptan a la perfección a las estrategias educativas de aprendizaje y enseñanza. Verás que no son excluyentes, ni tienes que apostar por una sola ya que pueden convivir varias de ellas a la vez. ¿Empezamos?

Si lo que queremos es actuar en el **ámbito de la motivación**, lo que haremos es:

1. **Motivar y estimular alentando al alumnado**
    ¿Cómo? Pues:
    - Incorporando **retos**, desafíos, misiones...
    - Trabajando el poder de la **metáfora** (narrativa, *storytelling*, historia con personajes mentores o con giros inesperados...).
    - Dando un **sentido épico/real** a la historia (siempre que se pueda).
    - Dando valor a la creación de una **identidad individual y grupal** (añadiendo avatares, por ejemplo).

El concepto de reto puede venir dado por aspectos como la presión del tiempo («¡corre, corre, que sólo nos quedan treinta segundos!») o la competitividad. Los desafíos pueden ser ejercicios, cuestionarios, preguntas que deben ser contestadas en un tiempo límite. Y las soluciones de éstos han de ser consideradas como éxitos y, por tanto, recompensadas o celebradas. Puede ser con un simple aplauso o con su exposición en el aula.

> **1.** ¿El reto motiva al alumnado a esforzarse en mejorar sus competencias? **2.** ¿Se ha equilibrado el esfuerzo en consonancia con la motivación y las capacidades; es decir, habéis tenido en cuenta que al aumentar la dificultad del reto, crece el esfuerzo motivacional? **3.** ¿Habéis incorporado una narrativa/historia que tenga sentido para el alumnado? **4.** ¿Habéis pensado en incorporar «urgencia», tiempo límite? **5.** ¿Se pueden elegir identidades y roles? **6.** ¿Habéis tenido en cuenta cómo la estética promueve la motivación?

2. **Conectar con sus intereses y necesidades**
    Conociendo los intereses de nuestro alumnado y sus conocimientos previos podemos buscar **conexiones relevantes** con la propuesta, de manera que pueda ser significativa para ellas y ellos. El deseo de conseguir una meta co-

nectada con los propios intereses genera emociones que se suman a la experiencia.

> **1.** ¿Habéis establecido mecanismos para conocer las preferencias y los intereses de vuestro alumnado en cuanto a temáticas, juegos, películas, lenguaje, aficiones? **2.** ¿Conocéis sus mapas mentales en su rol de alumnas? **3.** ¿Y en su rol de jugadoras? **4.** ¿Habéis tenido en cuenta que el reto conecte con los intereses del alumnado?

3. **Promover comportamientos**

Para ello es importante determinar previamente los **disparadores de la motivación** y los **elementos de juego** que permitan provocar acciones concretas como el participar, relacionar, preguntar o entregar las tareas puntualmente. Incorporar **sistemas de recompensa y reconocimiento**, basados en metas que promuevan la superación, será un buen recurso. Y todo ello aderezado (¿por qué no?) con el humor, la sorpresa, la curiosidad, la tensión/evasión y la diversión propias del juego

Nos sentimos comprometidas con algo cuando el cerebro se siente premiado por lo que hace. Y esto se incrementa siempre que se esperen recompensas, especialmente por el reconocimiento de nuestro trabajo. Tenemos que pensar que las motivaciones «extrínsecas» colocan a nuestro alumnado en modo *competición*, y que su implementación debe ser tratada con mucho cuidado. El azar y la sorpresa son claves y sumamente efectivas en un sistema de recompensa.

> **1.** ¿Se han concretado los comportamientos que se quieren potenciar? **2.** ¿Se ha pensado en un sistema de seguimiento para garantizar que sean éstos los comportamientos que efectivamente queremos? **3.** ¿Se ha pensado en posibles recompensas para promoverlos (diferentes según el perfil del alumnado)? **4.** ¿Y en penalizaciones? **5.** ¿Se han planificado los tiempos de cada recompensa? **6.** ¿Se han considerado recompensas puntuales, persistentes o aleatorias?

Vamos con dos diferentes tipos de estrategias. Si bien es cierto que salir de la zona de confort tiene efectos positivos, también lo es que **nuestro alumnado debe sentir que controla la situación**, que nada se le va de las manos o que no está demasiado desmadrado, porque todo ello es importante para su estabilidad y su equilibrio emocional. Por supuesto, sin que en ningún momento deje de esforzarse. Para conseguirlo te recomiendo lo siguiente:

4. **Promover la iniciativa y la autonomía**

Facilitando **reglas claras** que permitan el **control** y la **toma de decisiones**, y los **recursos** apropiados. Además, te recomiendo que proporciones espacios de **creatividad** para que puedan imaginar sus decisiones con ilusión, tanto de manera individual como grupal.

La participación construye relaciones duraderas e impacta en los objetivos esenciales del aprendizaje. Para ello se han de tener en cuenta las aportaciones de los individuos a fin de que éstos se sientan partícipes y protagonistas de la construcción.

---

**1.** ¿Cómo explicáis y validáis la comprensión de las reglas que se aplicarán al proyecto, actividad o juego que proponéis? **2.** ¿Se tienen en consideración posibles cambios merced a las aportaciones del alumnado? **3.** ¿Se les da libertad para que decidan todo o parte de la manera como asumen el reto?

---

5. **Facilitar la información suficiente y adecuada**

Es importante identificar los **conocimientos previos**, proporcionar los **recursos** necesarios y asegurar dicha información mediante la **observación** y el **contraste** con el alumnado.

La manera en que presentas la información influirá en la consecución de los objetivos y también en el nivel que quieras conseguir. La forma y los ejemplos utilizados marcaran la línea de salida. Pues si colocas al alumnado en la carrera que nos sugiere el Dodo en la puerta de entrada y empiezan a correr al tuntún, seguramente no alcanzarán el objetivo previamente definido. Porque nadie les ha dicho cuál es el sentido de la carrera, el tiempo, el inicio ni la meta.

> **1.** ¿Habéis hecho una actividad o juego para detectar los conocimientos previos? **2.** ¿Cómo consideráis la comprensión y adecuación de la información facilitada? **3.** ¿Y la obtención de la información y los recursos en cada momento?

Para avivar y **mantener la actitud lúdica** que nos acompañará teniendo en cuenta el espacio, entendido como el ambiente que queremos crear, tenemos que:

6. **Promover el placer del descubrimiento, la curiosidad**

Incorporaremos elementos y contenidos que vayamos descubriendo progresivamente a medida que se desarrolle el aprendizaje, provocando **sorpresa** y apelando siempre a la capacidad de **asombro** e incorporando el ingrediente del **humor** siempre que haga falta.

El estímulo de la curiosidad puedes motivarlo a través de proporcionar información oculta. Por ejemplo, introduciendo consejos escondidos en ejercicios que sólo pueden ser visibles algunos días o a ciertas horas. También puedes añadir el uso del elemento «suerte» o bien que sólo sea accesible a partir de determinados logros conseguidos previamente.

A modo de ejemplo te explicaré una anécdota[3] que me contaron una vez. En clase de Historia de la Filosofía, el alumnado estaba trabajando uno de los textos escogidos de Platón (y preparando la selectividad), y para ello tenía que escribir en la wiki sus propios comentarios. El siguiente día de clase, David, el profesor, que ya había leído y corregido todos los comentarios, justo al comenzar decide leer a modo de ejemplo el de uno de los alumnos que mejor lo había hecho. Pero lo hizo de manera diferente, añadiéndole un toque de sorpresa (y también de humor). Entró en YouTube, buscó la banda sonora de *El último mohicano* y se dispuso a leer el comentario con voz firme, creando en el grupo una experiencia épica. Y que seguramente recordarán toda la vida. Huelga decir que David fue el primero que disfrutó de la experiencia.

> **1.** ¿El propio reto incita al descubrimiento o a la exploración? **2.** ¿Facilitáis la información de entrada o la descubren los alumnos y alumnas a medida que avanzan? **3.** ¿Hay elementos especiales que desbloqueen por ejemplo nuevos contenidos? **4.** ¿Hay algún elemento transgresor o disruptivo?

7. **Permitir la experimentación, la repetición**

Podemos conseguir este tipo de comportamientos motivando las acciones que se puedan repetir a través de sistemas de **recompensa**, **reconocimiento, animación y reto**. Yo cuando juego con la aplicación Kami[4] y veo que en la resolución del problema sólo he sacado una estrella, vuelvo a repetirlo hasta conseguir la máxima puntuación, es decir, tres estrellas. Una sola estrella me sabe a poco. Me pico conmigo misma y me digo: «Imma, ¿vas a conformarte?». El aprendizaje requiere repetición, ¡muchísima!

En este sentido, en la escuela, de la misma manera que hay pruebas de opción múltiple (tipo test), hay actividades de aprendizaje que se pueden llevar a cabo una y otra vez, hasta conseguir no sólo hacerlas bien, sino dominarlas por completo.

---

**1.** ¿Se incorporan mensajes alentadores? **2.** ¿Se considera la posibilidad de recompensar la repetición de la actividad hasta que se consiga la excelencia? **3.** ¿Se premia o reconoce de alguna manera esa persistencia?

---

8. **Ayudar a entender que el error es parte del proceso**

Relacionándolo con el punto anterior, podemos incorporar el error en el sistema y en las **recompensas** y, de esta manera, favorecer tácticas que permitan detectar **patrones de repetición** de errores. Para ello, el clima del aula ha de propiciar la vivencia del error como parte del proceso y ser el motivador de la superación en vez de provocar sensación de fracaso, como veíamos con mi afición al Kami.

Construir una relación positiva con el fracaso (eliminando posibles decepciones y frustraciones) y hacer que el alumnado crea en su éxito son dos aspectos clave; y para facilitarlo, es fundamental que tengamos confianza en ellos y ellas.

---

**1.** ¿Se incorpora algún elemento humorístico para tratar el error? **2.** ¿Cómo afecta el sistema de recompensas al error? **3.** ¿Cómo se garantiza el aprendizaje a través del error?

9. **Desarrollar espacios de interacción social**

Si creamos áreas específicas y elementos que permitan la relación y la **socialización** conseguiremos estimular el **trabajo colaborativo**. A este respecto resulta significativo desarrollar además el **sentido de la pertenencia**. Pues ¿te imaginas que sea el alumnado el que decida cómo y con qué decorar el aula, el pasillo, el comedor, el patio? ¿Que los decoren y que se haga responsable de su mantenimiento? También tenemos que considerar la importancia de **mostrar avances** a todos los miembros de la comunidad educativa (escuela, familias, el resto de las personas...) privilegiando la **competición** saludable.

El hecho de que el alumnado pueda mostrar y mostrarse es clave para compartir, para colaborar y para manifestar su progreso y éxito. La aprobación de las personas compañeras, el profesorado y la familia es un motivador muy eficaz. Es decir, la necesidad de autoexpresión en la comunidad y el sentido de «obligación» frente a nuestros referentes nos empujan a realizar la tarea.

> **1.** ¿Se facilita la unión por un propósito común? **2.** ¿Hay elementos de socialización como por ejemplo la votación, la aprobación de algo hecho para otra persona, la posibilidad de ceder recompensas obtenidas? **3.** ¿Se considera la mentorización entre el propio alumnado? **4.** ¿Cómo se incorpora al resto de la escuela o a la familia en el reconocimiento público de los resultados?

**Centrándonos en nuestras personas destinatarias**, pues deben estar siempre en el punto de mira, es importante:

10. **Adaptar las tareas a los niveles de competencias**

Estableciendo metas que sean **relevantes** para las capacidades de nuestro alumnado. ¿Cómo? Creando **logros** flexibles y **graduales** o bien **nivelados**, es decir, aumentando la dificultad de éstos y de las diferentes **metas** a medida que adquieran nuevos conocimientos y mejoren sus habilidades.

Habrá que proporcionar oportunidades para desarrollar sus capacidades con el fin de mantenerlos en el nivel deseado. Y al mismo tiempo ayudarlos a progresar hacia la dificultad (ya que los niveles de complejidad van en aumento).

> **1.** ¿Se han tenido en cuenta las fases –y su contenido, tiempo, duración– en que el alumnado pasa de embarcarse en la propuesta a dominarla? **2.** ¿Y los logros parciales?

11. **Facilitar el aprendizaje con una combinación de elementos y formatos**

Nos resultará muy enriquecedor buscar **diversas maneras** de transmitir un mismo contenido: un juego, un vídeo, un texto, una obra de arte, una wiki, un póster, una canción, ¿un musical? Eso sí, cuidando siempre la **disposición de los elementos** en el espacio físico o virtual y la **apropiación** del contenido por parte de las personas usuarias.

> **1.** ¿Se han buscado maneras diferentes e incluso «inverosímiles» de mostrar el contenido? **2.** ¿Se ha trabajado esta búsqueda con el propio alumnado? **3.** ¿Habéis pensado en ambientar el aula con la temática correspondiente?

12. **Personalizar los objetivos**

Permitiendo su **fragmentación** de forma clara para el alumnado, así como su **individuación**: el abordaje en el orden escogido por el alumnado, la selección, etc.

Esto está relacionado, por ejemplo, con la participación en el diseño del propio itinerario de aprendizaje. Se pueden permitir nuevas actividades o eludir algunos logros o tareas; puede permitirse el acceso a información o exámenes adicionales para mejorar las calificaciones, la elección de las preguntas del examen que se quieran contestar, etc.[5]

> **1.** ¿Se le permite al alumnado crear, modificar o personalizar sus objetivos, retos y estrategias? **2.** ¿Hay retos a medida? **3.** ¿Se da la posibilidad de completar los objetivos de forma no-lineal, empezando por aquellos que el alumnado desee, y de volver hacia atrás cuando quiera? **4.** ¿Existen diversas y múltiples maneras de conseguir los retos y objetivos?

13. **Proporcionar retroalimentación constante**

Creando un proceso transparente y repetido con la frecuencia adecuada. Y siempre con una **retroalimentación** suficiente, oportuna y comprensible.

Como ya hemos dicho, es importante crear sistemas de reconocimiento visible, ya que la retroalimentación constante anima al alumnado a continuar con sus esfuerzos al obtener resultados más directos y explícitos. Además, incide directamente en la generación de compromiso y les ayuda a no perderse, a no desconcentrarse ni confundirse.

> **1.** ¿Están calculados los periodos y momentos de retroalimentación y su frecuencia? **2.** ¿Cómo habéis definido este *feedback* y qué elementos lo harán visible?

Y, por último, siempre es sustancial **valorar el trabajo** realizado, pues sólo de esta manera sabremos si vamos por el buen camino (¡que seguro que sí!). ¿Te has fijado en el cielo de la rayuela? Evaluar, evaluar y evaluar. Por tanto, nos comprometeremos a:

14. **Evaluar de forma personalizada e inmediata**

Tenemos que buscar fórmulas de evaluación entre el propio alumnado, formas de autoevaluación y sistemas de autocorrección de la propia propuesta que les permitan **controlar el progreso**. Se trata de saber siempre si se va por el buen camino y hasta qué punto se está bien equipado. ¿Te imaginas que introdujéramos baterías o barras de progreso en las que el alumnado vaya pintando sus avances? ¿O una línea del tiempo en la que al final estén las vacaciones de verano?

Es importante hacer sentir al alumnado que es inteligente y capaz. La evaluación y la retroalimentación tienen que permitir esto. Y además es preciso que la implicación no decaiga en ningún momento.

> **1.** ¿Se explica en qué medida los resultados o respuestas obtenidos son los esperados? **2.** ¿Cómo se visualiza el propio progreso? **3.** ¿Se ha pensado en cómo recibe el alumnado la evaluación de su trabajo? ¿Por fases temporales? ¿Según se sube de nivel? **4.** ¿Puede el alumnado organizar las frecuencias de evaluación?

15. **Evaluar la propia metodología/sistema**

Creando **indicadores de éxito cuantificables** a partir de los objetivos propuestos y referidos a la propia metodología, con el objetivo de perfeccionar la implementación y refinar el resultado.

> **1.** ¿Se ha analizado cómo interactúa el alumnado en la metodología? **2.** ¿Son efectivas las técnicas utilizadas? **3.** ¿Cómo corregiremos los problemas?

 ¿Se te ocurre alguna estrategia más? ¡Apúntala!

Dimensión estratégica:

Dimensión táctica:

Hemos hablado de recompensas. Pero en ningún caso nos referimos al hecho de darlas como si fueran zanahorias. La recompensa tiene que ser concebida por el alumnado no como muestra de «soy la mejor», sino más bien como una manera de conseguir privilegios y de celebrar sus esfuerzos y sus éxitos. Y no se trata de regalárselas al tuntún, sino que habrán de ganárselas con esmero, dedicación y sacrificio. Con el «me lo merezco» o «nos lo merecemos». Privilegios pueden ser, por ejemplo, el hecho de poder demorarse cinco minutos más en un examen o sacar la carta comodín y poder conseguir una pista. Seguro que se te ocurren muchas cosas que tu alumnado o tu equipo docente estaría encantado de dar y recibir.

**Ahora te propongo lo siguiente: busca alguna experiencia de intervención educativa a través del juego. Puede ser una experiencia que hayas leído en este libro, que hayas puesto en práctica tú misma, que hayas conocido en plataformas como Gamifica tu aula o que te haya contado alguien. Investiga sobre ella para establecer:**

- **Cuál era el objetivo de aprendizaje.**
- **Cuál o cuáles eran las estrategias que pusieron en marcha las personas que la diseñaron.**
- **Cuáles son las tácticas o técnicas que utilizaron.**

| Objetivo de aprendizaje | Estrategias empleadas | Elementos tácticos asociados |
|---|---|---|
|  |  |  |
|  |  |  |
|  |  |  |

Ahora sí que la actividad ha ido tomando cuerpo y has entrado ya **en el diseño** propiamente dicho de la acción. Tus decisiones te han conducido a **concretar tu propuesta** en un punto lúdico, un sistema gamificado, una dinámica lúdica, un juego de simulación o algún *serious game*, o bien has preferido escoger un juego del mercado y modificarlo o utilizarlo como recurso lúdico. Aunque también puedes optar por una combinación de todas o varias de estas posibilidades. Es decir, has definido tu acción y empezado a aportar ideas para darle forma.

Estás a punto de «prototipar» tu propuesta, es decir, de materializarla. Puede hacerse «construyendo» el juego, produciendo las cartas de personaje que necesitas o escribiendo en un papel el desarrollo paso por paso de la dinámica lúdica que has imaginado. Siempre pensando que es un prototipo, es decir, un modelo de prueba que podrás modificar fácilmente. Porque después del prototipo viene el momento de la comprobación. Puede efectuarse con toda la clase, explicándoles que se trata de un test y pidiéndoles que aporten propuestas, provocando así sus comentarios y sugerencias de mejora, convirtiéndoles en tus grandes aliados. Asimismo, puedes probarlo con un pequeño grupo de la clase o con tus propios familiares o amistades. Como todo, antes del estreno debe ser ensayado, para sacar conclusiones y rectificar lo que haga falta.

La dimensión estratégica y la dimensión táctica te ayudan a identificar y dar sentido y orientación a la actividad que vas a llevar a cabo: empatizas con tus destinatarios, defines, creas, «prototipas», compruebas y evalúas para rectificar y proceder.[6] ¡Perfecto!

Recuerda que debes permitirte el margen de error que consideres pertinente y vivirlo como oportunidad de mejora y superación.

Pero todavía no hemos hablado de un aspecto importantísimo para que pueda darse el aprendizaje. Me refiero a **la metodología de implementación.**

**Y es que toca llevar nuestra propuesta al aula. Para ello hemos visto que son fundamentales el clima creado y tu propia persona (uno de tus principales recursos). Cuentas con tu voz, tu mirada, tus gestos, tu rostro. Todo tu cuerpo habla. Cuentas con saber exponer de forma clara y retadora el objetivo y las «reglas» de tu actividad. Las consignas que vas lanzando en el momento y tiempo precisos. Las pequeñas acciones previas que necesitas para ir «calentando» al grupo. Tus conocimientos; pero todavía más importante es tu actitud, que transmites con todo tu ser. De hecho, las palabras pueden mentir, pero tu cuerpo no. Seguro que sabes por experiencia que sólo se transmite aquello que se contiene.[7]**

Después de la **vivencia**, llega el momento de la **reflexión**. De poner palabras a aquello que ha sido vivido. Y lo vivido se expresa a través de la consciencia de lo sentido, de lo descubierto y pensado y de las preguntas que te suscita. Toda una rutina de pensamiento que se traduce en una reflexión que vincula la vivencia con los objetivos planteados y que apoya la significación del aprendizaje al hacerlo consciente.

Sólo nos queda la **transferencia**. Es decir, de todo eso de lo que me he hecho consciente, ¿qué puedo aplicar en mi vida y en mis tareas cotidianas? ¿Ha cambiado en algo mi pensamiento, mi marco mental? ¿He aprendido algo que mejore mi forma de proceder?

**De esta manera, la vivencia de un mismo juego puede llevarte a reflexiones y transferencias muy distintas. Uno de los roles del profeso-**

**rado en el aprendizaje lúdico es saber guiar este proceso escogiendo las mejores preguntas y dando tiempo y espacio a la reflexión y transferencia personal y grupal.**

Se hace evidente la importancia de tener unos objetivos educativos claros y concretos y unos indicadores que nos orienten. Sin ellos sería imposible encauzar adecuadamente la reflexión necesaria. Esto lo he aprendido yo realizando formaciones junto a Ariadna Aragay,[8] con la que hemos ido profundizando en esta metodología a la que hemos llamado ALART:

**A**ctitud **L**údica
    + **A**cción (Juego)
            + **R**eflexión
                    + **T**ransferencia

Es aquí donde el propio concepto de juego, que nos habla de espontaneidad, placer, gratuidad, libertad, se imbrica en el uso educativo-didáctico que perseguimos. Yo lo imagino como dos sustancias (el juego puro y esos dos momentos antes y después de él) que se unen en una especie de nube mágica y poderosa que, al respirarla, nos transforma.

 **Así, me gustaría cerrar esta puerta con un mantra que repito con frecuencia, y es que la acción (el juego) sin reflexión es ciega. Y la reflexión sin acción es insuficiente.[9]**

Cuando sales, la música sigue sonando y piensas cuál será tu premio, pues también has participado de la alocada carrera.

—Te regalo la música. Llévala siempre contigo. Tiene el poder de transportarte allí donde quieras. También de subirte el ánimo e incluso de marcar el inicio o final de algo. La música, como el juego, es emoción; y, recuerda, sin emoción no hay aprendizaje. ¿Dónde quieres ir? ¿Quieres ver de nuevo a tu amigo el Conejo Blanco? Cierra los ojos. Siéntelo. Escucha la música y ve. ¿Ya estás allí?

**Novena puerta, ¡superada!**

**Notas**

1_ MAGIC es el acrónimo de Método Aplicado de Gamificación: Indicadores y Criterios.
2_ Utilizo, en esta puerta, táctica y técnica de manera sinónima.
3_ ¿Recuerdas a David Medina? Esto ocurrió en una clase suya en el instituto Barcelona Congrés. ¡Hablamos de él en la puerta 3!
4_ Kami, del que ya te hemos hablado en la puerta 3, es un precioso juego en el que has de plegar un papel de colores al estilo del origami, pero con un máximo número de pasos previsto.
5_ Es común en las pruebas de selectividad presentar dos modelos de examen y dejar que se conteste uno solo, dejando la elección al libre albedrío del alumnado. Hay otros casos, especialmente en exámenes universitarios, en los que se presentan doce preguntas, por ejemplo, y tras descartar dos, la persona que se examina elige cuáles son las diez cuestiones que quiere contestar.
6_ Sistema procesal utilizado con estas mismas palabras por el IoP y que se ve reflejado en el MAGIC que te he mostrado antes.
7_ Esta frase se la oí por primera vez a Inés Moreno, profesora de Ciencias de la Educación en Buenos Aires y autora del libro *El juego y los juegos* (Barcelona, Lumen, 2005).
8_ Ariadna Aragay es educadora social, especializada en metodologías lúdicas para el aprendizaje y facilitadora de juego en procesos de desarrollo personal y transformación colectiva, amén de colaboradora activa en Marinva. Puedes saber más de ella en @ariadna_aragay.
9_ Este mantra está inspirado en la frase kantiana «los conceptos sin intuiciones son vacíos, las intuiciones sin conceptos son ciegas». Immanuel Kant, «La lógica trascendental», *Crítica de la razón pura* (1781).

**¡QUE LE COOOOOOOOOOOOOOOOOR TEEEEEEEEEEEEN LA CABEZAAAAAAAAAAA!**

La escena en el vestíbulo es sobrecogedora. La Reina de Corazones y todo su séquito están repartidos por todas partes. Las cartas, en formación, custodian al Conejo Blanco, cuyas patas tiemblan al ritmo de la voz chillona de la reina.
—Vaya, vaya, ¿a quién tenemos aquí? ¿Qué tienes ahí? Bonito sombrero. Pero, sobre todo, ¿qué haces aquí tan sola? Tal vez no has encontrado a nadie con quien «jugar». A mí me encanta jugar. Te propongo un juego. Si ganas, salvas al Conejo Blanco. Si pierdes... ¡uf! El juego empieza ¡YA!

Miras a la reina desconcertada. ¿Qué juego? ¿Cuáles son sus reglas? ¿Qué pretende? La puerta se abre y entras a toda velocidad.

Estás en la última puerta y las cosas no pintan nada bien para el conejo. Suerte que en esta partida ya tienes muchos ases en la manga. Sabes por ejemplo que debes poner a jugar a la reina. ¡Te cueste lo que te cueste!

**No tiene sentido hablar de poner el juego en el corazón del aprendizaje si no todas las partes (alumnado, profesorado y familias) están dispuestas a «jugar». Por eso es preciso que toda la escuela respire ludicidad.**

Llegas a esta casilla comprendiendo que sólo a través del desarrollo de la propia actitud lúdica alcanzas una auténtica pedagogía lúdica. En cada puerta has encontrado alguna prueba que te lo confirma. El juego permite fluir, reír, crear experiencias; es decir, poner el foco en el aprender más que en el enseñar, porque en el juego se aprende haciendo. Desde esta posición, y en un momento en que las tendencias pedagógicas dan un papel central al alumnado, voy a reivindicar más que nunca la siguiente afirmación:

**Para que se dé un proceso de enseñanza-aprendizaje significativo en términos generales y el aprendizaje lúdico en la escuela en particular, todo el profesorado ha de poder hacer un recorrido previo y esencial: un camino personal de autoconocimiento, desarrollo y entreno de su capacidad y actitud lúdica, en estrecho contacto con su vocación educadora.**

Y esto por varias razones:

- En primer lugar, porque no tiene sentido hablar de construir el aprendizaje a través del juego sin que **las dos partes jueguen de verdad**. Es decir, una de las partes jugando y la otra sin implicarse en el juego, simplemente organizándolo, al estilo de la Reina Roja de Corazones.
- En segundo lugar, porque **sólo se transmite lo que se contiene** y nadie puede comunicar y aprovechar la potencialidad de la actitud lúdica en cualquier ámbito si no la ha vivido, desarrollado y alimentado previamente.
- En tercer lugar, porque es difícil aprovechar —y una pena no hacerlo— la potencialidad del juego si no **aplicamos esa actitud lúdica en nuestro**

**día a día**, en el trabajo educativo, en la propia forma de relacionarnos con otras personas y con la misma escuela.

- En cuarto lugar, porque la actividad principal de la infancia es el juego, pero desgraciadamente en los adultos no ocurre lo mismo. Por eso es necesario poner una atención especial en la **recuperación de esta esencia humana** que nos conecta con la creatividad, el descubrimiento, la curiosidad, el asombro, la emoción y la pasión por nuestra profesión.

> «Se trata de aprovechar todos y cada uno de los poderes del juego: es en el juego y sólo en el juego donde el "niño" o la persona adulta como individuos son capaces de ser creativos y de usar el total de su personalidad. Y sólo siendo creativo se descubre el individuo a sí mismo.[1]»

En este sentido, la institución educativa debe estar dispuesta a introducir en **su cultura organizativa** la actitud lúdica propia del juego. No se trata de «hacer jugar» al otro, sino de jugar juntos, de asombrarnos aprendiendo, creciendo y disfrutando juntos. A partir de ahí habrá que conseguir inocular la ludicidad en el ADN de toda la organización.

**En definitiva, ¿puede existir el aprendizaje lúdico si la escuela entera no juega y transmite ludicidad? De hecho, hay una pregunta previa que ya te lancé en la puerta 0. ¿La recuerdas? Más o menos decía así: ¿Puede existir el aprendizaje sin juego?**

**Ya sabes mi respuesta: ¡no! Es cierto que no todo puede convertirse en juego, ni hace ninguna falta. Sin embargo, todo se puede hacer jugando; es decir, con espíritu de juego, con actitud lúdica. El poder del juego se manifiesta en todo aquello que podemos convertir en juego y en todo aquello que podemos hacer jugando. Un poder de amplio espectro que tiene en la emoción generada uno de sus más potentes aliados y que hace de vínculo entre juego y aprendizaje.**

Francisco Mora[2] lo explica de una manera que a mí me parece fascinante por lo visual e imaginativa que es. Él afirma que **el juego es el disfraz del aprendizaje**.[3] ¿Te lo imaginas? Yo ya veo al aprendizaje entrando a hurtadillas en la escuela. Escondiéndose por donde puede, disfrazado de juego y apareciendo por todas partes: en el color de las paredes, el diseño de las aulas y su mobiliario, las actividades convertidas en retos, las tareas como misiones y los problemas como desafíos. Lo imagino en la presentación de los menús en el comedor y en la disposición de las mesas, en el sonido que anuncia el descanso, en los espacios de trabajo colectivo, en la biblioteca —que reserva la mitad de su espacio a una magnífica ludoteca de juegos de mesa y videojuegos— y, por supuesto, en el patio y en los pasillos donde aparecen futbolines o billares. Pero también en la sala de profes, en los espacios para las familias e, incluso, en el despacho de la dirección. Y, como es natural, haciendo más de una travesura.

 **Porque es la escuela entera la que educa y porque el aprendizaje lúdico no pretende llenar a los alumnos de conocimientos como quien llena un vaso de agua. Más bien quiere encender un fuego, una llama que prende al sacar del interior de cada niño todo el valor que lleva dentro.**

Seguro que conoces a Gianni Rodari,[4] un buen ejemplo de actitud lúdica y un gran artesano de la palabra con la que sabe construir belleza. Recientemente se ha publicado un libro suyo llamado *Escuela de fantasía*[5]. Su título ya está impregnado de juego que, al menos a mí, sólo leerlo me despertó un buen número de imágenes y emociones. Pero de lo que quiero hablarte es de la frase que aparece en portada:

 **«El niño, cualquier niño, es un hecho nuevo y, con él, el mundo empieza de cero.»**

Maravillosa, ¿verdad? Cada vez que la leo emerge de mi interior, llena de fuerza y pasión, mi vocación de niña, de madre y de maestra. Una escuela de fantasía, como una escuela lúdica, no puede concebir la infancia sino como un «empeño constante de ser [para ella] las cien cosas que necesita»,[6] hablando un lenguaje que no puede ser sino el del juego.

 **Entonces, volviendo a la pregunta inicial, si el juego es el disfraz del aprendizaje, ¿no debería estar toda la escuela comprometida en ese aprendizaje lúdico? Parece evidente que sí.**

En esta puerta —en realidad, en todas, creo yo–, encontrarás más preguntas que respuestas. Y es que las preguntas son el motor de la acción, porque están hechas de curiosidad y ganas de saber. Por eso me gustan tanto. Entonces, con todo lo que la educación sabe hoy, las pruebas científicas de que dispone y todas las experiencias de innovación en las que puede inspirarse:[7]

**¿Por qué le cuesta tanto a la escuela abrirle la puerta al juego? ¿Por qué en vez de perseguirlo o dejarlo entrar sólo cuando no hay nada importante que hacer, no le damos la bienvenida y buscamos la manera de generar amistad y vínculos con él? ¿No tendría todo el sentido que el profesorado en masa lo utilizara también para su propio trabajo, para influir en la cultura del centro educativo, y que lo hiciese desde una óptica más global y profunda?**

Ha llegado el momento de dejar de ser «llaneros solitarios».[8] Como ese profesorado entusiasta, voluntarioso y a menudo «heroico» que ha conseguido introducir el juego en su aula, pero que a menudo lo tiene que dejar allí encerrado, ya que no sería demasiado bien acogido por el resto de la escuela. Seguro que conoces a alguna de estas profes.

Es cierto que gracias a estas personas **el juego se ha ido abriendo camino** y que ahora puedes tener experiencias en las que inspirarte. Su aportación y su espíritu libre ha contribuido a que la escuela se ponga en marcha. Sin embargo, el reto es ahora que **todo el grueso del equipo educativo sea motor** de un proceso que, desde el interior de la institución, ponga al alumnado en el centro, estimule su curiosidad y su entusiasmo, proponga la acción con reflexión, el trabajo en equipo, y entienda el error como parte del proceso. De ese modo **pondrá el juego en la cabeza y el corazón de su proyecto educativo, haciendo del aprendizaje lúdico, cotidianidad.**

**Te propongo aceptar, pues, el desafío de hacer posible que el juego deje de ser algo anecdótico fruto de una iniciativa personal para convertirse en una estrategia y metodología capaz de transformar la propia escuela y capaz, también, de transformar la educación.**

¿Por dónde empezarías tú? ¿Te atreves a ensayar un posible plan de ruta? Enumera tus ideas, concretándolas de la manera que te propongo. Te ayudará a aterrizar.

- Qué crees que puedes proponer.
- Cuándo lo propondrías.
- Con quién te aliarías.

**Plan de ruta para que la cultura lúdica se impregne en el ADN de la organización:**

| Qué | Cuándo | Con quién |
|-----|--------|-----------|
|     |        |           |
|     |        |           |
|     |        |           |
|     |        |           |
|     |        |           |
|     |        |           |
|     |        |           |
|     |        |           |
|     |        |           |
|     |        |           |

Sea cual sea tu plan, te propongo cuatro aspectos que no debes olvidar:

1. Empieza dando la mano a dos elementos clave que vimos en la puerta 1: **permiso y confianza**.[9] Todo el equipo docente debéis atreveros a salir de la cultura del control y el perfeccionismo y daros el permiso de probar y equivocaros y hacerlo sobre la base de la confianza en vosotros mismos y en el juego, buscando el apoyo e implicación de toda la institución.

2. En segundo lugar, hay que lanzarse a la aventura con **retos asumibles** conforme a la propia actitud lúdica y teniendo muy en cuenta los objetivos, los destinatarios y, sobre todo, el entorno y carácter de tu escuela o institución educativa.
3. En tercer lugar, **no tengas prisa**, para que todos (alumnado, profesorado e incluso familias) podáis avanzar juntos con confianza, complicidad y la seguridad de que las cosas se están haciendo con un propósito y de forma razonable. El aprendizaje lúdico es un concepto nuevo, y el juego se ha visto demasiadas veces como pérdida de tiempo, así que no debes olvidar pensar en hacer pedagogía, propiciando la vivencia del poder del juego a todos los agentes involucrados y para hacer posible el cambio de cultura.
4. Finalmente, establece una **alianza**. Es decir, una declaración y un compromiso con las personas de tu entorno indispensables para que esto funcione e impacte poco a poco en toda la institución. Deciros qué tiene que pasar para que todos os sintáis cómodos en este proyecto de crecimiento de toda la comunidad educativa, donde todo el mundo enseña y todo el mundo aprende. Recordad que en el juego no hay jerarquías, pero sí unas reglas a las que nos sometemos y que debemos respetar. Cread, entonces, ese círculo mágico, ese espacio de libertad donde se disfruta aprendiendo y se mantiene una sana ambición por saber y saber hacer respetando los valores del juego.

Creo que ahora ya estás preparada para volver de nuevo a esa zona de la puerta 0 donde encontraste tus prejuicios. No te lo dije entonces, pero a ese lugar yo lo llamo el sitio «donde viven los monstruos». Ahora tienes muchas más llaves y un sombrero lleno de recursos para enfrentarte a ellos.

Esos monstruos o fantasmas viven en nuestro imaginario y nos bloquean a la hora de tomar decisiones y de ponernos manos a la obra. Y es que no debes olvidar que el juego trata de emociones y sentimientos, algunos difíciles de digerir: miedo, vergüenza, ridículo, angustia, ansiedad, incertidumbre, y todos vividos con intensidad. De ahí su poder. Estamos hablando de exponernos. Pero es que además los fantasmas se reproducen y retroalimentan. Entran enseguida en contacto los unos con los otros, los tuyos con los míos, y crecen y se reproducen con mucha facilidad. La buena noticia es que al arrojarles luz se empequeñecen hasta desaparecer.

**Toc, toc, toc. Vamos a visitar, si te parece, a los monstruos más habituales en la escuela, agradeciendo la generosidad del profesorado que ya ha sido capaz de expresar y reformular sus propios miedos. Comienza por recuperar los que identificaste en la puerta 0. ¿Has conseguido arrojar luz sobre alguno de ellos? ¿Algún otro se ha empequeñecido? Anótalos aquí y felicítate por tus avances.**

Si lo has logrado, yo también me felicito, porque ése era uno de mis objetivos al escribir este libro.

También puede pasar que hayan aparecido monstruos nuevos. Sobre todo, si piensas ya no en tu aula, sino en la misma escuela, en toda la escuela, incluidas por supuesto tus relaciones con el resto del profesorado y con las familias.

 **Te animo a que anotes aquí tus nuevos fantasmas o aquellos que encontrarás en tu camino. Ya sabes que para cazar fantasmas lo primero es localizarlos:**

A continuación añado algunas de las más comunes, además de las que vimos en el apartado «Las reglas del juego», ya que es muy posible que en algún momento tengas que enfrentarte con ellos. Puede que se te presenten a ti o a alguna compañera, o quizá impregnen la cultura de tu escuela desde sus escondites:

1. Estará (o estaré) mal visto por mis compañeros docentes.
2. Estará (o estaré) mal visto por las familias.
3. El alumnado no me seguirá, está en otra onda.
4. No sabré mantener el control.
5. No podré mantener su respeto. Esto será un desmadre.
6. No podré canalizar el aprendizaje.
7. No podré «dar» todos los contenidos.
8. No sabré gestionar los conflictos que puedan surgir.
9. El juego es una pérdida de tiempo.
10. El juego es sólo para momentos de relax y entretenimiento.

¿Te suenan? Pues ahora te propongo que, siguiendo los consejos de la doctora Casafont,[10] los reformules en positivo. Es decir, que dejes de poner la atención en ellos y la focalices en todo lo positivo que quieras conseguir. Recuerda que aquello en lo que pones tu atención es en lo que se concentra tu cerebro. Me explico.

Si tu fantasma son las familias, en vez de pensar si estarás bien o mal visto por ellas o ver qué harás para no estar mal visto, pon tu atención en lo que quieres conseguir: «Organizaré una sesión de aprendizaje lúdico con las familias, seguro que será una experiencia enriquecedora». Organízala, por supuesto, pero a la vez repítete esta frase como si fuera un mantra. Dales esa oportunidad. No te defraudarás.

En tu lucha como «cazafantasmas» recuerda que «ciertas cosas se aprenden mejor en un ambiente apacible; otras, en la peor de las tormentas»[11].

Para las dudas relacionadas con aspectos menos emocionales y más pragmáticos, también tienes un antídoto: cada vez son más los informes que, como ya hemos visto, desde distintas áreas de conocimiento relacionan índices de bienestar, productividad y efectividad de los equipos profesionales con la creación de condiciones de trabajo totalmente alineadas con esta idea de actitud lúdica. Desde neurocientíficas hasta expertas en recursos humanos. Desde pequeñas empresas hasta multinacionales. **Volvemos a tener un comodín: en estos momentos el poder del juego es incontestable.**

Porque el aprendizaje lúdico también se aplica a las relaciones y el trabajo entre el profesorado. Por supuesto. En mi anterior libro[12] encontrarás el caso de una directora de escuela que se decide a crear un sistema gamificado para incentivar al profesorado a que comparta sus conocimientos y experiencia. Parte de la idea de que, si no lo hacen, no es por falta de generosidad, sino por su excesivo perfeccionismo, y a partir de ahí sumerge a su equipo en una narrativa que les animará a darse más permisos en beneficio de toda la comunidad. ¿Podría el juego mejorar las reuniones de profesorado? ¿Y los claustros? ¿En qué te ayudaría?

Aun así, la página en blanco se nos atraganta a todos… ¡no pasa nada! **Todo empieza siempre poniendo la pieza en la casilla de salida**. Sí, literal y efectivamente: escoge uno de los elementos que te han regalado los personajes y llévatelo al trabajo. Luego acompáñalo con algún juego que te guste y déjalo, por ejemplo, en la sala del profesorado. Propón una partida rápida cuando tengáis un momento. Pregunta a tus compañeras si juegan, a qué les gusta jugar… De este modo se empezarán a crear unos hábitos y dinámicas que favorecerán ese nuevo entorno lúdico.

Utiliza el juego como cerilla que enciende la emoción. Crea curiosidad. Propón una partida en forma de reto… Quizá al cabo de un tiempo empiece a formarse una particular mesa de juegos donde cada vez irán apareciendo más nuevos juegos de mesa para compartir. Insiste y persiste. Siempre con humor.

Recuerda que **la disposición particular de los objetos** –y las ideas– provoca que las cosas pasen, así que atrévete a hacer cambios, aunque sean pequeños, pero siempre significativos porque son disparadores de la transformación: una particular forma de poner las mesas o las sillas, tu propia posición, la forma de presentar un contenido o premiar(te) un comportamiento… Sorprende y ¡sorpréndete!

También puedes probar con un pequeño «viaje espaciotemporal». Dar un salto en el tiempo en que vuestro equipo educativo se conceda el permiso de hacer dos cosas:

1. Escribir una carta desde vuestro yo pasado que os recuerde lo mágico que era vivir la vida jugando. Cómo se forjaron esas personas que sois ahora en cada «jugamos a que…». Cómo aprendisteis a contemplar la belleza en cada lanzamiento de peonza o cómo aprendisteis a afrontar

retos cuando, por ejemplo, os animasteis a montaros en una bicicleta. Imaginaos en el patio de vuestra escuela jugando y revivid lo que allí os hacía felices, lo que os asustaba, lo que os disgustaba.

Escribid la carta individualmente y luego compartidla. No sólo os conoceréis mejor, sino que iréis construyendo un imaginario común y ello os ayudará a empatizar con vuestro alumnado. Esa sí que será una reunión diferente.

2. Escribid luego otra carta, esta desde el futuro, a vuestro yo actual contándole cómo habréis revolucionado vuestro entorno en los próximos cinco años. Cómo habéis aplicado la actitud lúdica en vuestro día a día y cómo la escuela se ha transformado impregnándose de cultura lúdica. Cómo es ahora vuestra escuela. Qué ambiente se respira. Qué hace vuestro alumnado. Cómo aprende. Cómo el aprendizaje lúdico ha transformado su motivación y también sus resultados. Cómo disfrutáis cada día creando nuevos juegos y dinámicas con ellos. ¿Habéis incorporado incluso una persona diseñadora de juegos al equipo? ¿Y las familias? Cómo participan y se implican en el aprendizaje. Cómo habéis conseguido que participen activamente y se metan en el juego... Compartidla y ¡que empiece ya vuestra propia aventura!

En definitiva, te animo a que transites el maravilloso universo del juego desde una perspectiva que puede llegar a ser mucho más global y transformadora. Creo que esta tendencia, con la cantidad de recursos, información, experiencias y buenas prácticas que están emergiendo, nos debe invitar pues a conectar con esta potencialidad que, dejando a un lado las técnicas, nos abre y proyecta la capacidad lúdica de las personas y de las instituciones educativas. Tanto del profesorado como del alumnado y sus familias, es decir, de toda la comunidad educativa.

**Llegó la hora de inocular la actitud lúdica en el ADN de la escuela y de la educación en sí, dejando que el poder transformador del juego nos haga a todos más sabios, más fuertes y más felices y haciendo así posible «una escuela que una la seriedad de un ejecutivo con la alegría de un payaso y la fuerza de la lógica con la sencillez del amor».[13]**

**Espero haber logrado ampliar tu mirada hacia el juego y que hayas conseguido empequeñecer tus fantasmas. Ojalá este viaje haya alimentado tus ganas de saber más y la facilidad para darte permisos, para probar y arriesgarte[14]. Ojalá que, como Alicia al atravesar el espejo, tu evolución haya sido incontestable. Ella se transformó de Peón a Reina. ¿Y tú?**

Pero i¿qué hacemos hablando?! ¡El Conejo Blanco! ¡Rápido! ¡El tiempo corre! Tienes una misión y debes concentrarte en ella. Tus herramientas, el *kit* lúdico[15] que guardas en el sombrero que te regaló el Sombrerero. Todo sirve para algo si le pones un poco de imaginación. Así que ¿quién dijo miedo?

 **Escribe al lado de cada uno de los elementos conseguidos algo que podrías proponerle ahora mismo a la Reina de Corazones, de forma que captes su atención y la incite a jugar. Por ejemplo, el dado: ¿cómo se lo presentarías a la reina? ¿Qué le propondrías hacer con él? ¿Jugaría alguien más? Recuerda que ha de ser una propuesta que se pueda explicar y jugar de forma rápida, sin perder el interés de la monarca.**

 Y ahora, antes de salir por esta puerta, recuerda una sola cosa más: estamos de suerte. El aprendizaje lúdico nos trae de vuelta la posibilidad y el permiso de vivir nuestro día a día con esa actitud lúdica provocadora de innovación y transformación. Nos trae de vuelta el poder del juego.

La Reina de Corazones te espera desafiante. Pero no te da miedo. Ya sabes qué puedes ofrecerle. Ya sabes cómo hacerla jugar. Ya sabes, incluso, cómo ganarle. Y el Conejo Blanco también. Por eso ha dejado de temblar. Y al guiñarle un ojo te devuelve una sonrisa que jamás olvidarás.

Décima puerta, ¡superada!

## Notas

1 _ Son palabras de Donald Winnicott (1986-1971), pediatra, psiquiatra y psicoanalista inglés. El texto pertenece a su libro *Realidad y juego*, publicado en 1971 y actualmente editado por Gedisa (2009).
2 _ Lo has conocido en la puerta anterior.
3 _ Afirmación recogida por Carlos Arroyo en una entrevista publicada el 3 de febrero de 2014 y que encontrarás reproducida en el blog de *El País* Ayuda al estudiante.
4 _ Gianni Rodari (1920-1980), italiano. Periodista, maestro, pedagogo de la fantasía y revolucionario de la literatura infantil.
5 _ *Escuela de fantasía*, Barcelona, Blackie Books, 2017.
6 _ Palabras también de G. Rodari, recogidas en *Escuela de fantasía*.
7 _ Para conocer experiencias de escuelas transformadoras, te recomiendo el libro de César Bona *Las escuelas que cambian el mundo* (Barcelona, Plaza y Janés, 2016). Esta lectura te dará mucho ¡juego!
8 _ Héroes del cine del Oeste, quienes, como su nombre indica, actuaban en solitario.
9 _ Sí, sí, igual que te propuse a ti para entrenar tu actitud lúdica.
10 _ Tienes toda la información de sus publicaciones en la puerta 2.
11 _ Esta frase es de Willa Cather (1873-1947), nacida en Estados Unidos. Escritora, periodista y maestra.
12 _ Escrito mano a mano con Esther Hierro. Lo tienes citado en la puerta 2. La protagonista se llama Ariadna y es el último de los casos que se presenta.
13 _ Augusto Cury (1958), médico, psiquiatra y psicoterapeuta brasileño. Escritor de numerosos libros. Te recomiendo una pequeña joya: *Padres brillantes, maestros fascinantes* (Barcelona, Planeta, 2007). Tanto las familias como las educadoras deberíamos leer este libro.
14 _ Yo me he arriesgado a utilizar insistentemente el femenino pensando en ti como persona lectora, sin distinción de género. Imagino que en más de una ocasión te he desconcertado. A mí tampoco me ha resultado fácil. Estamos tan poco acostumbrados...
15 _ Si conviertes los regalos de los personajes en objetos de verdad, habrás organizado tu propio kit lúdico. Tenerlo siempre a mano, te puede facilitar proponer situaciones lúdicas e incluso improvisarlas. Cada objeto puede darte mucho «juego».

# Epílogo

Siempre te agradeceré que no me dejaras abandonado a mi suerte. Y aunque sé que me sacaste de las garras de la Reina de Corazones sin esperar nada a cambio, aquí tienes un pequeño regalo. He recogido algunos de los hábitos de los curiosos personajes que has conocido. Si los sigues durante veintiún días, la aventura se mantendrá. Y Alicia quedará para siempre en tu interior.

### Día 1
Identifica a tu alrededor la **actitud lúdica** en al menos cinco ocasiones. Momentos, lugares, frases, fotografías…, en los que el juego asoma con fuerza por debajo de un sombrero de copa.

### Día 2
Busca a tu alrededor **tres tareas susceptibles de convertirse en juego**. Desde cocinar hasta moverte por la ciudad, pasando por hacer llamadas. Lo que se te ocurra.

### Día 3
De las tres tareas susceptibles de convertirse en juego que identificaste ayer, escoge una para hoy y **transfórmala en juego**. Puedes hacer que otras personas participen o que sea un secreto que sólo tú conoces.

### Día 4
**Dibuja a una persona** que conozcas en el centro de una hoja. Ahora, escribe a su alrededor: ¿qué siente?, ¿qué ve?, ¿qué oye?, ¿qué es importante para ella?

### Día 5
Sal con el dado que te ha regalado el ratón, **improvisa un juego** con él e invita a alguna otra persona a jugar. Mejor si es alguien con quien no suelas interactuar.

### Día 6
Busca algún objeto o idea y trátalo **de forma no convencional**. Como, por ejemplo, ponerse los guantes en las orejas. Piensa que nada es lo que parece, imagina lo imposible y recrea lo posible. Hoy siéntete libre.

### Día 7
Observa durante todo el día **qué te dices a ti misma para hacer las cosas**. Qué te motiva a levantarte por las mañanas, a sonreír o a hacer una tarea que no te apetece. Encapsula esos motivos de alguna forma que te permita acceder a ellos cuando los necesites.

### Día 8

**Sonríe**. Ponte la sonrisa del gato y no te la quites en todo el día. ¿Cuántas sonrisas lograrás despertar?

### Día 9

Cada lugar puede ser una fuente de posibles desafíos. Proponte **retos en diferentes espacios** de la casa o de tu lugar de trabajo. ¿Te atreves a cocinar algo con ingredientes que empiecen por la misma letra? Sí, sí, ies posible!

### Día 10

Sal hoy con al menos **dos de los elementos que te regalaron** los personajes. Combínalos como quieras, siempre y cuando seas capaz de **jugar y hacer jugar** con ellos.

### Día 11

Escoge al azar una letra del abecedario. Por ejemplo, la eme. Utiliza en tus conversaciones de hoy el **máximo número de palabras** que empiecen por esa letra.

### Día 12

Hoy va de **agradecer**. Estate atenta durante todo el día, porque esta noche, al acostarte, deberás encontrar cinco cosas por las cuales estar agradecida.

### Día 13

Hoy serán **tres los elementos** que deberás utilizar para tu **juego improvisado**. Escoge de entre los que te regalaron los distintos personajes y... ia jugar!

### Día 14

Cuéntale a alguien **una breve historia totalmente inventada**. Acerca de ti o de algo que hayas oído o visto. ¿Te descubrirá?

### Día 15

En **el autobús** de camino al trabajo, **despídete con la mano** de la gente que veas en las paradas (aunque no conozcas a nadie). ¿Cuántas personas te han devuelto el saludo? ¿A cuántas has hecho sonreír?

## Día 16

**Busca tres errores** que hayas cometido durante el día de hoy o durante la última semana. ¿Los tienes? Pues agradécelos y decide que vas a aprender de ellos.

## Día 17

Hoy toca **cantar**. Aprovecha el momento de la ducha y canta a pleno pulmón. ¡Resulta de lo más liberador!

## Día 18

Siempre solemos vestirnos con los mismos conjuntos. Hay ropa que nos ponemos poco o casi nunca y otra que no se nos ocurre mezclar. Hoy es tu día. **Vístete de manera diferente**. Prepárate un nuevo conjunto. Atrévete con aquello que nunca te atreves.

## Día 19

Agudiza tus sentidos y pon en marcha tus radares. Hoy debes encontrar al menos una cosa que te haya **asombrado**. ¿Por qué te ha sorprendido eso? ¿Qué preguntas te ha provocado?

## Día 20

Busca algo de tu vida cotidiana que te ponga de mal humor. ¿Los embotellamientos para llegar al trabajo? ¿La calma de tus hijas a la hora de desayunar? ¿Llegar a casa y encontrar la nevera vacía? Escoge un motivo y decide que **mañana eso no te va a poner de mal humor**. ¿Cómo lo conseguirás?

## Día 21

**Regálate algo que te guste** y que no suelas regalarte. Algo que añores. ¿Ver salir o ponerse el sol? ¿Oír el canto de los pájaros? ¿Desayunar pan fresco, caliente, recién salido del horno? ¿Dar un paseo en un día laborable con tu pareja?, ¿con tus hijas?, ¿con alguna amistad? Regálatelo, te lo mereces.

Vuelve ahora al ludómetro de la puerta 1. Espero que el entrenamiento haya dado sus frutos y, sobre todo, ¡no dejes nunca de entrenar!

# Bonus track

Antes de terminar, la oruga me ha dejado algo para ti. Se trata de una selección de juegos, videojuegos y *app*s que te inspirarán y ayudarán a gamificar tus clases y a motivar a tu alumnado, desde la persona más pequeña hasta la más testaruda.

Cada uno de ellos desarrolla principalmente una o dos competencias, pues se ha seguido el principio de predominancia. Aunque esto no quiere decir que no puedan enseñar otro tipo de conocimientos, pues el aprendizaje es inherente al juego y tiene mucho que ver el uso y el fin que tú quieras darle a éste. En cada uno de los juegos que te ofrece la oruga salen marcadas aquellas competencias que sobresalen. Y en todo momento se basa en las definiciones que el currículo educativo ofrece sobre las distintas competencias.

En todos los juegos y videojuegos aprendemos a aprender. Es decir, desarrollamos **estrategias de aprendizaje individual** o cooperativo, ya sea mejorando nuestra observación o incrementando la memoria y la concentración, entre otros factores. Para superar los retos que nos ponen los juegos, la reflexión y la toma de conciencia de los procesos que nos llevan al éxito, se hace imprescindible. No te extrañe, pues, que no aparezca en el dibujo esta competencia porque en mayor o menor medida forma parte de todos ellos.

En los juegos de mesa, especialmente, en las actividades grupales, fomentamos **el autoconocimiento, la autonomía, la iniciativa y la habilidad en las relaciones sociales**, ya que tenemos que aprender a tomar decisiones, a expresar emociones, a coordinar estrategias, a asociar y relacionar conceptos, ideas, pensamientos…, junto a otras personas. Por tanto, no verás aparecer la competencia de autonomía e iniciativa personal en éstos, ya que vienen con ella de serie.

Pasa algo parecido con los videojuegos y *app*s respecto a la competencia digital. Todos ellos nos permiten desarrollar esta competencia. Sin pretenderlo, nos convertimos en unos genios de los instrumentos electrónicos. Su incorporación al aprendizaje lúdico nos facilita su utilización creativa y crítica y nos permite un abordaje significativo sobre su uso seguro. ¿Todavía te quedan dudas sobre por qué incorporarlos a tu propuesta educativa?

Aprovecha este mismo espacio para recoger aquí los juegos que vayas descubriendo. O aquellos que, por qué no, te inventes tú misma.

Espero que te guste esta propuesta. ¡Allá va!

## Los secretos de la oruga 1: juegos de mesa

- Competencia comunicativa ♟
- Competencia matemática ♝
- Competencia en el conocimiento y la interacción con el mundo físico ♞
- Competencia cultural y artística ♟
- Competencia social y ciudadana ♟

| Juego | Edad | Comunicativa | Matemática | Físico | Cultural | Social |
|---|---|---|---|---|---|---|
| El frutal | 3-6 | | ♝ | | | |
| Kapla | 3-99 | | ♝ | | ♟ | |
| Mistigri | 4-6 | | ♝ | | | |
| Modulmax | 6-12 | | ♝ | | ♟ | |
| Bamboleo | 6-99 | | ♝ | | | |
| Story Cubes | 6-99 | | | | ♟ | |
| Aventureros al tren: el primer viaje | 6-99 | | | ♞ | | ♟ |
| Ikonikus | 7-99 | ♟ | | | | ♟ |
| Jungle Speed | 7-99 | | | | | |
| UNO | 7-99 | | ♝ | | | |

| Juego | Edad | | | | |
|---|---|---|---|---|---|
| Fábula | 8-99 | ♟ | | ♟ | |
| Hanabi | 8-99 | | ♜ | | ♟ |
| Timeline | 8-99 | | | | ♟ |
| El Principito | 8-99 | | ♜ | | ♟ |
| Abalone | 8-99 | | ♜ | | |
| Dr. Eureka | 8-99 | | | ♞ | |
| Big Brain Academy | 8-99 | | ♜ | | |
| Picassimo | 8-99 | | | ♟ | |
| Magic Maze | 8-99 | | | | ♟ |
| Scrabble | 10-99 | | ♜ | | |
| Fauna | 10-99 | | | ♞ | |

| Juego | Edad | | | | |
|---|---|---|---|---|---|
| Time's up! | 12-99 | | ♜ | | |
| Los Colonos de Catan | 12-99 | | ♜ | | ♟ |
| Dixit | 12-99 | ♟ | | ♚ | |
| 7 wonders | 12-99 | | ♜ | | ♟ |
| La isla prohibida | 12-99 | ♟ | | | ♟ |
| Unlock! | 12-99 | | ♜ | | ♟ |
| Hombres lobo de Castronegro | 12-99 | ♟ | | | ♟ |
| Sospechosos inhabituales | 13-99 | ♟ | | | ♟ |
| Samurai | 14-99 | | ♜ | | ♟ |
| Código Secreto | 14-99 | | ♜ | | |
| Días de ira: Budapest 1956 | 15-99 | ♟ | | | ♟ |

## Los secretos de la oruga 2: videojuegos (VJ) y *apps*

Competencia comunicativa 🟡
Competencia matemática ▪️
Competencia de autonomía e iniciativa personal 🐌
Competencia en el conocimiento y la interacción con el mundo físico 👾
Competencia cultural y artística 👾
Competencia social y ciudadana ☁️

| Juego | Plataforma | Edad | | | |
|---|---|---|---|---|---|
| Shu's garden | App | 3-8 | | 👾 | 👾 |
| Toca nature | App | 4-8 | | 👾 | |
| Eazyspeak Inglés | PC | 5-8 | 🟡 | | |
| Toy Story Mania! | PC/VJ | 6-10 | ▪️ | | |
| Simple Machines | PC | 6-10 | ▪️ | 👾 | |
| Toontastic 3D | App | 6-10 | 🟡 | | 👾 |
| El señor de los anillos, LEGO | PC/VJ | 7-10 | ▪️ | | |
| Despicable Me: Minion Rush | App | 7-10 | ▪️ | | |
| Draw Fighters | VJ | 7-10 | | | 👾 |
| Diggs: detective privado | VJ | 7-10 | 🟡 | | |
| Little Big Planet | PC/VJ | 7-10 | ▪️ | 👾 | |
| World of Goo | App/PC/VJ | 7-10 | ▪️ | 👾 | |
| Kokori | PC | 7-10 | | 👾 | |

| Juego | Plataforma | Edad | | | |
|---|---|---|---|---|---|
| Monument Valley | App | 8-99 | 🧩 | 👻 | |
| Unblock me | App | 8-99 | 🧩 | | |
| Kami | App | 8-99 | 🧩 | | |
| Just Dance | VJ | 8-99 | | 🎖️ | ☁️ |
| Minecraft | PC/VJ | 10-99 | 🧩 | 👻 | |
| Angry Birds Epic | App | 10-99 | 🧩 | | |
| Smarty Pants | VJ | 10-99 | 🎮 | | 👾 |
| National Geographic Challenge | VJ | 10-99 | | 👻 | |
| Body and Brain Connection | VJ | 10-99 | | 🎖️ | |
| 2048 | App/VJ | 10-99 | 🧩 | | |
| Emocionómetro | App | 10-14 | | 🎖️ | ☁️ |
| Botanicula | App/PC | 10-14 | | 👻 | |

| Juego | Plataforma | Edad | | | |
|---|---|---|---|---|---|
| CivilizationEDU | App/VJ | 12-99 | | 👾 | ☁️ |
| Portal | PC | 12-99 | 🧩 | | |
| Splatoon | PC/VJ | 12-99 | | 🎖️ | ☁️ |
| Scribblenauts Unlimited | PC/VJ | 12-99 | 🧩 | | ☁️ |
| Hakitzu Elite: Robot Hackers | App | 12-99 | 🧩 | | |
| GeoGuessr | PC | 12-99 | | 👻 | 👾 |
| Clash of Clans | App | 12-99 | 🧩 | | |
| Overwatch | PC/VJ | 13-99 | | 🎖️ | ☁️ |

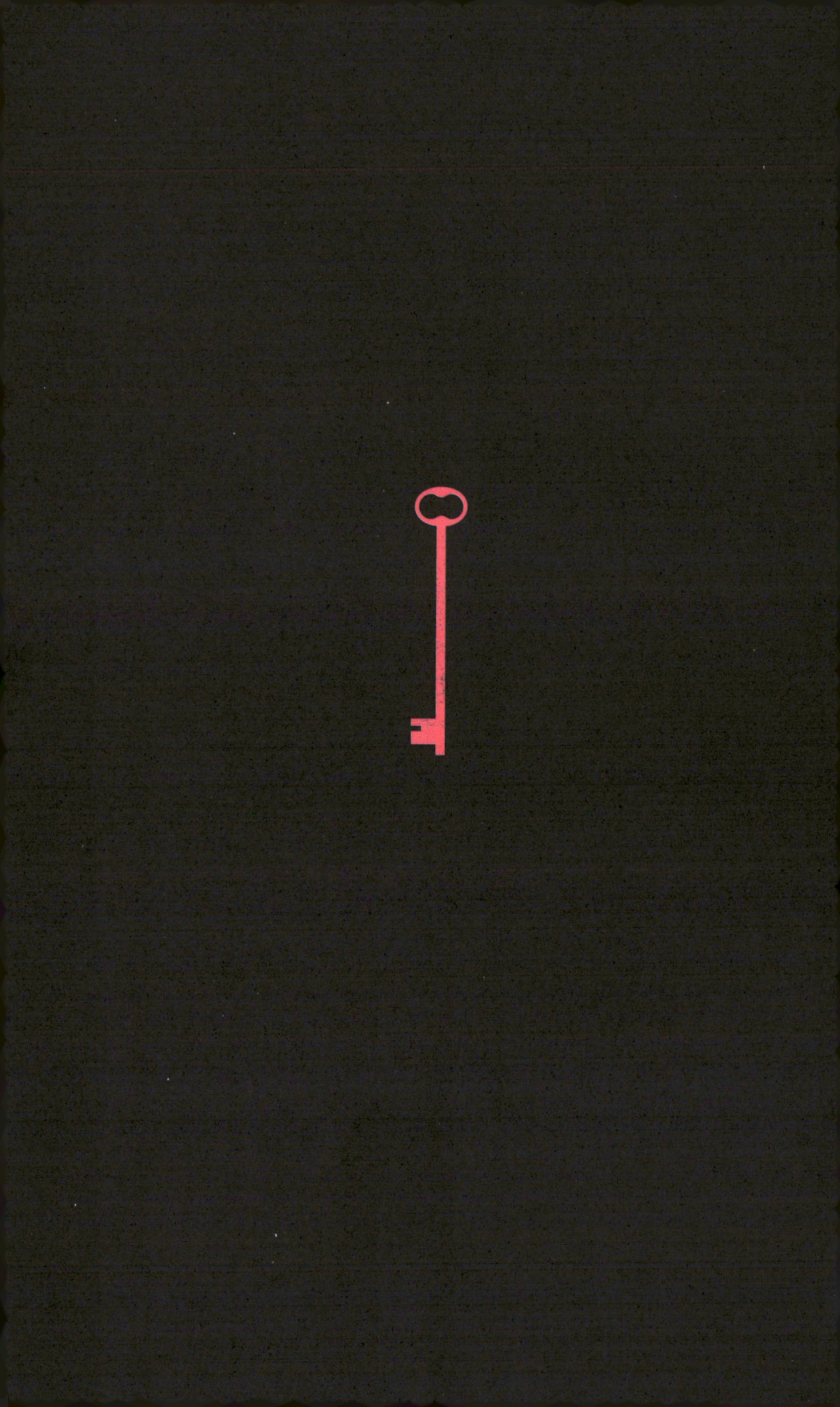

Impreso en España